干場義雅が教える
大人カジュアル

究極の私服

干場義雅

日本文芸社

はじめに

大人のカジュアルスタイルは難しい！

大人のカジュアルスタイルは難しい。なぜなら、公の場で着るスーツやタキシードのように、着るべき洋服に厳密なルールがなく、また乗馬や狩猟、ゴルフなどのようにある程度のTPPOも決まっていないからです。そもそもカジュアルという言葉は、ラテン語から来ていて「偶然の、何気ない、意図せずに」といった意味があります。英語では「その時々の、臨時の、不定期の」という意味で、世界的な服装のカジュアルダウン化に伴いファッションの用語としても使われるようになっていきました。「偶然の」という言葉は、必然の反対語です。必ず着るべきルールがないということは、ある意味、自由ということ。

僕が12年前ぐらいに読んだ服飾評論家・故落合正勝さんの『男の服装術 カジュアル編』（PHP研究所）には、冒頭部分にそんなことが書かれてありました。

カジュアル＝自由ということは、基本的には何を着てもいいし、好きなものを自由に着ればいいのです。でも、だからこそ難しいし、世の多くの人が「何を着ればいいのか？」

と頭を悩ませるのです。そこでこの本では、長年、ファッション雑誌の編集者をやってきて辿り着いた僕なりの結論、大人のカジュアルスタイルのルールをご紹介したいと思います。ルールといっても、難しいものではありません。いわば、自分なりの決め事ということです。

例えば、「多くの粗悪なものより、少しでいいから質の良いものを」。「移り変わる流行より、普遍的で美しいものを」。「長く愛用できるものは高価なものを。でも、日用品はコストパフォーマンスがいいものを」。「洋服を着る前に、まずは中身を磨くことや健康から意識する」。「中身を際立たせるために、洋服は普通でいい」。「ひとりよがりではなく、TPPOをわきまえ常に一緒にいる人が心地良く感じられるスタイルを」……。

これらのルールは、カジュアルに限らず、スーツなどのドレススタイルにも共通する僕の根幹の部分です。自分のスタイルのベースになる考え方を持っておくと、ルールがない私的な場でも、ブレずに自分のスタイルを形成することができます。今回紹介しているカジュアルスタイルのルールやアイテム、着こなしは、あくまで僕個人の趣味なので、すべての人の好みに当てはまるかはわかりませんが、少しでも皆様の役に立ち、目安として頂ければ幸いです。

HOSHIBA CASUAL 4 SEASONS

干場カジュアル 春夏秋冬

干場が実践する12カ月のコーディネートをご紹介。1年を通し、どんなものをどう着ればいいのか？ 通底する男の基本色の参考にして下さい。

3 March

ブレザーに白シャツ、グレーパンツの男の王道コーディネートです。このスタイルなら世界のどこでも通用します。ブレザーの銀ボタンに合わせ、アクセサリーもシルバーで統一。

ブレザー／オールド イングランド、シャツ／デッコーロウォモ、パンツ／ジェルマーノ、ポケットチーフ／ムンガイ、胸ポケットのサングラス／ペルソール、ブレスレット／トッズ、フォーエバーマーク、バングル／S.O.S fp×Yoshimasa Hoshiba、バックパック／ペッレモルビダ、腕時計／セイコー、靴／ブルネロ クチネリ

4
April

春はネイビージャケットに白とブルーのストライプシャツを合わせ、ホワイトデニムで爽やかに。基本アイテムの組み合わせですが、色遣いだけで華やかな印象になります。

ジャケット／エルメネジルド ゼニア、シャツ／カミチャニスタ、デニム／シビリア、ポケットチーフ／ムンガイ、ベルト／ラルフ ローレン パープル レーベル、靴／WH、腕時計／オーデマ ピゲ、バッグ／エルメス、サングラス／レイバン

レザーライダース／エンメティ、Tシャツ／ギャップ、パンツ／ニール・バレット、腕時計／セイコー、スニーカー／パトリック、サングラス／レイバン、スーツケース／リモワ

5
May

カジュアル入門者はモノトーンで揃えてみるといいでしょう。黒のライダースに黒のストレッチパンツ、黒のスニーカー。Tシャツは白にしてメリハリの効いたコーディネートに。

HOSHIBA'S POINT

レザージャケットは、冬のプラスアイテムとして紹介（P.183）していますが、他の季節にも使い勝手がいいアイテムです。エアコンのきつい飛行機や肌寒い国に行くときにも重宝。ニットなどと違って、シーズンが違っても違和感なくサラリと羽織れます。

6
June

夏に近づく6月は、ライダースも黒から茶に変え、少しライトな雰囲気で。ボトムスもブルーデニムや白スニーカーで軽快な印象に。紺のTシャツにすると全体が引き締まります。

レザーライダース／エンメティ、Tシャツ／ギャップ、デニム、スニーカー／ともにブルネロ クチネリ、ベルト／ジャン・ルソー、腕時計／オーデマピゲ、ボストンバッグ／ペッレモルビダ、ブレスレット／トッズ、アイウェア／モスコット

7
July

日焼けした肌には黒が似合うので、全身黒で統一。着るアイテムが少なくなる7月は、取り入れるアイテムの素材やサイジング、ヌケ感が重要です。光沢のある靴などで艶を加味。

ポロシャツ／ジョンスメドレー、パンツ／ニール・バレット、靴／WH、腕時計／セイコー、ブレスレット／フォーエバーマーク、バングル／S.O.S fp×Yoshimasa Hoshiba、ベルト、バッグ／ともにエルメス、サングラス／レイバン

シャツ／マリア・サンタンジェロ、ショートパンツ／ラルフ ローレン、靴／トッズ、腕時計／セイコー、ブレスレット／トッズ、フォーエバーマーク、バングル／S.O.S fp×Yoshimasa Hoshiba、バックパック、スーツケース／ともにブルネロ クチネリ、ウォレット／ペッレ モルビダ、アイウェア／モスコット

8
August

真夏の8月は、麻素材や清涼感のある色味を取り入れましょう。紺のリネンシャツと白いショートパンツは僕の夏の定番。バッグなど小物は、茶で色を揃えると統一感が出ます。

9
September

初秋は薄手のカシミヤのネイビージャケットが活躍します。いたってシンプルな白シャツにブルーデニムの組み合わせ。胸ボタンは2つあけ、デニムも軽く折ります。

ジャケット／WAKO classics Designed by Yoshimasa Hoshiba、シャツ／インダスタイル トウキョウ、デニム／ブルネロ クチネリ、ポケットチーフ／ムンガイ、ベルト／ジャン・ルソー、靴／WH、腕時計／セイコー、バッグ／エルメス

10
October

秋が本格的になる10月はライダースとブラックデニムで。季節感を出すために、足元はブーツにして重めにします。全体の色は黒と茶のみ。これもブレない僕の基本カラーです。

レザーライダース／エンメティ、Tシャツ／ギャップ、デニム／ブルネロ クチネリ、ブーツ／レッド・ウィング、ブレスレット／フォーエバーマーク、バングル／S.O.Sfp×Yoshimasa Hoshiba、腕時計／ベル&ロス、アイウェア／モスコット

11
November

M-65などミリタリーウェア出自の服は男っぽさを演出するのに絶好です。それを活かし全身紺と黒でまとめます。ルールがないカジュアルこそ、色で統一感を出すのが干場流。

M-65／エルメネジルド ゼニア、Tシャツ／ギャップ、ニット／クルチアーニ、パンツ／ニール・バレット、ソックス／カルツェドニア、靴／WH、ボストンバッグ／ペッレ モルビダ

12
December

冬が始まる12月は、いよいよコートの出番です。触れると柔らかい上質な素材のミドル丈のピーコートなら大人の落ち着きと色気が出ます。これも紺と黒のみのコンビネーション。

ピーコート／サンヨーコート、Tシャツ／ギャップ、ニット／クルチアーニ、パンツ／ニール・バレット、ソックス／カルツェドニア、靴／WH、バックパック／ペッレ モルビダ、サングラス／レイバン

1
January

寒さが増す1月は、上質なカシミヤのチェスターコートで。シルクカシミヤのタートルネックニットとの相性は抜群です。足元はベージュのスウェードブーツで軽さを。

コート、ポケットチーフ、デニム、ストール、ブーツ／すべてブルネロ クチネリ、ジャケット／ビームス F、タートルネック／クルチアーニ、ベルト／ジャン・ルソー、ソックス／カルツェドニア

2

February

一番寒い2月はダウンの登場です。カジュアル色が強いので、グレーパンツを合わせてドレス感を加えます。ストールやグローブなどの小物は上質な素材で、防寒性の高いものを。

ダウンコート／ムーレー、ジャケット／フェイ、シャツ／デッコーロウォモ、パンツ／ジェルマーノ、ソックス／カルツェドニア、靴／WH、バックパック、ストール／ともにブルネロ クチネリ、グローブ／ソリ

Contets

Chapter 1

装う前に大切なこと　～身嗜み編～

Chapter 2

これさえあれば！な基本10大アイテム

～基本アイテム編～

Chapter 3

季節ごとに厳選アイテムをプラス！

～季節アイテム編～

干場が考えるカッコいい大人の男とは？

大人のカジュアルは、やりすぎないことと、さり気ないことが理想です。それを体現しているカッコいい男性の代表として挙げたいのが、イタリアの自動車会社フィアットの元名誉会長、故ジャンニ・アニエッリさんです。名門の出身なのでスーツはもちろん似合うのですが、ジーンズにデニムシャツのようなラフな格好も似合います。イタリア人に「イタリアで一番カッコいい男は？」と聞くと、みんなたいがい口を揃えて「ジャンニ・アニエッリさんだった」といいます。おじいちゃんになってもジーンズ姿が似合う、なかなか希有《けう》な存在でした。その姿に生き様が出るというか、白髪すらも魅力的なのです。大人のカジュアルこそ、男の生き様が出るものなのかもしれません。

元タイ・ユア・タイのオーナー、フランコ・ミヌッチさんもカッコいい。後で詳しく書きますが、レストランでのネクタイのはずし方の一連の動作にやられました。姿だけではなく、立ち居振る舞いもカッコよさの範疇《はんちゅう》に入るのだと学びました。

僕がよく着ているロロ・ピアーナというブランドの元CEO、故セルジオ・ロロ・ピアーナさんもカッコいい男性の代表です。スーツに、腕時計はスウォッチというカジュアルなものをつけるなど、独自の服飾哲学と審美眼を持つ方でした。イタリアを代表するファッショニスタと称されていたセルジオさんですが、いつもフレンドリーに接してくれてすごく可愛がって頂きました。ある日、ローマで開かれた馬術競技観戦中にVIP席に呼んでくださり、そこに集まった人たちの服装について「あれをどう思う？　こっちは？」と質問をされました。僕がそれについて答えると、「あのポケットチーフの挿し方はグッド」とか、「あれはトゥーマッチで上品ではない」とか、じっくりと解説してくれました。エレガンスのなんたるかはセルジオさんに教わった気がします。また、トッズグループを

SHUTTERSTOCK／アフロ

セルジオ・ロロ・ピアーナ

ロロ・ピアーナ創業一族の直系であり、ロロ・ピアーナ元CEO。イタリアきっての伊達男。

PHOTOMASI／アフロ

Globe Photos／アフロ

ジャンニ・アニエッリ

フィアット社のほか、セリエAのユヴェントスFCの名誉会長も務めるなど、カリスマ的存在。

経営する会長兼CEO、ディエゴ・デッラ・ヴァッレさんもイタリアを代表する素敵な方です。教えて頂いたのが、2つのジェントルマン像です。それがガラント・ウォモとジェンティル・ウォモ。前者は立派な人、後者は粋な身なりの人という意味。遺跡や被災地の支援など社会貢献もしているディエゴさんは両者を持っている方だと思います。

日本の戦後を支えた白洲次郎さんもカッコいい男性のひとりではないでしょうか。英国ケンブリッジ大学仕込みの英語を駆使し、終戦連絡中央事務局参与として日本国憲法成立などに関与し、貿易庁長官などを務めた方です。その前は日本の終戦を見越して、農業をしていた経歴もあります。この人のジーンズ姿が実にカッコいい。中身が表れているのです。占領時にGHQから「従順ならざる唯一の日本人」と呼ばれた芯の強さが、シンプルなカジュアルスタイルにもにじみ出ていたのです。

こんな方々が僕のお手本です。大人の男として目指すべき姿は彼らのように、服装だけでなく、中身のカッコよさも必要ということ。自然体であり、大人の男としての渋み、知性、優しさ、風格、威厳があります。内面から醸し出されるいくつもの要素こそ、カジュアルスタイルを素敵に見せる条件なのかもしれません。そんなことを念頭に置き、本書を読み進めて頂ければと思います。

Chapter 1

PRECIOUS THINGS

装う前に大切なこと

～身嗜み編～

日本人の清潔度は世界トップクラスにありますが、身嗜みという点から見ると日本の男性はまだ脇が甘い部分があります。毎日、お風呂に入り清潔にすることはもちろんですが、鼻毛や耳毛、歯などのケアをおこたってはいませんか？　それをきちんと整えてこそ、初めて服を装うという行為に繋がるのです。

カッコよくなるにはまず身嗜みを整えること

僕が提案したいのはファッションではなくスタイルです。ファッションは「流行」と書く通り、流れて行ってしまうもの。スタイルは「型」と書きます。自分の型を見つけること、自分に似合う基準を見つけることがカッコよくなるための王道であり一番の近道です。大切なのはトータルバランス。洋服だけでカッコよくなりたいといっても、それは正直無理な話です。洋服を着る前に中身が大切だからです。どんなに上等なジャケットを着ても、歯が汚く鼻毛が出ていたらカッコよくなんて絶対になりません。大切なことは、まずは装う前に自分自身の中身をケアし、美しく保つこと。これが重要なのです。

日本人は、国民性としてものすごく清潔でキレイ好きです。とはいえ欧米の基準、グローバルスタンダードから考えると、男性の美意識には、まだまだ詰めが甘い部分があります。例えば髪型は整っているけれど、身嗜みがダメな男の人が結構います。一方、アメリカでは洋服よりも前に、まず歯に対してお金をかける文化があるほど。

ツメや肌、髪の毛、目、もちろん体型にも、どういう生活をしているかは如実に現れてしまうものです。だからこそ、カッコよくなるために一番大切なことは、まず健康であることともいえます。健康を左右するという意味では食事や水、そして運動や睡眠、生活リズムも重要。それらがきちんとできて、つまり生活態度がきちんとしていてはじめて、各パーツ（ツメや肌、髪の毛、目、もちろん体型）磨きのステップ、身嗜みに進むことができます。ただし、パーツ磨きもやりすぎはNGです。特に男性は!! 例えば眉毛は長すぎも細すぎもダメ。なるべく自然なニュアンスをキープすること。自然に見えるように手入れをするぐらいが男性には丁度いいのです。その点でいうと、髪の毛を刈り上げすぎるのも、いかにも切った感じがするのでおすすめできません。なるべく自然に見えることにこだわると、刈り上げすぎない方が落ち着いた印象を人に与えることができます。ここでいいたいことは、まず短時間でも身嗜みを整えることが大切なことであり、スタイルも、それがなければ始まらないということ。そして、すべてやりすぎず、自然に見えることが大事だということなのです。

これから髪の毛、におい、香り、スキンケア、手、ヒゲ、歯、唇に分けて、それぞれの説明をしていきます。まずは身嗜みをきちんと整えることから始めていきましょう。それが、カッコよくなるための基本であり、土台となるのです。

HAIR

カッコいい髪型は、健康的な頭皮と生活から

髪の毛に関しては、プロにしっかり任せるというのがおすすめです。僕は表参道にある「ALFALAN（アルファラン）☎03－6450－6583」という美容室で、定期的にカットしてもらっています。かれこれ18年ぐらい通っていまして……。土曜朝、フジテレビの『にじいろジーン』という番組の家族を素敵に変身させるコーナーに、10年ぐらい僕と一緒に出演している越智めぐみさんにカットしてもらっています。髪の毛や髪型は、スタイルの中でも、その人の印象を決定づける大きな要素です。きちんとした生活を送り、きちんとした食事をして栄養を摂っていないと、髪の毛に如実に表れます。カップラーメンしか食べず、カラーのしすぎで傷んだりしていたら、髪の毛がカップラーメンの縮れ麺みたいになって、パッサパサになったりするものです。逆に健康的な髪でも整えず、伸び放題というのも困りもの。まずは健康的な髪の毛を維持するために、良い生活を送り、マメにカットし、清潔感を保つことが重要です。僕の哲学に「時短」という言葉があります。速く効率的に物事をこなすことで、優先したいことに時間を使っています。その意味にお

1日に塗布するのに最適な分量に1本ずつ分けられ、30日分入っているので、短時間で手軽に効果的に毎日のケアができます。

HOSHIBA'S
TEPPAN CHOICE

KÉRASTASE

「ケラスターゼ」の新アイテムは頭皮ケアの救世主

エイジングケアシリーズ「デンシフィック」の、洗い流さないスカルプトリートメント「ヘアデンシティープログラム ジュレ オム」が、2017年6月16日にリニューアル。ロレアル独自の先進分子ステモキンジンが健やかな頭皮環境を作り、新テクノロジーで髪の美しさを引き出します。1日分ずつ個包装されている使いやすさも僕のお気に入りです。

利便性、使用感ともに優れたジェル状の新テクスチャー「ジュレ」を採用。より正確で簡単に塗布できるようになっています。毎日の積み重ねが大切。旅にも必ず持参します。ヘアデンシティープログラムジュレオム¥16,000／ケラスターゼいても、髪の毛は2週間に一度ぐらいの間隔で切るようにしています。髪の毛を定期的に切らずに長くなりすぎると、ワックスを余分に使うことにもなります。適切な長さを保っておくと、ドライヤーで髪の毛を乾かすときも早く乾きますし、ワックスをつけすぎることもなく、さらにはセットするときも決まりやすく、日々のケア時間の短縮ができるのです。僕の場合、ヘアスタイリングは1分ぐらい。タオルも、吸水率の良い素材のものを使って常に時間を短縮していますし、ドライヤーも強い風量ですぐに乾き、髪の毛を美しく保ってくれるリュミエリーナのレプロナイザーというものを使っています。

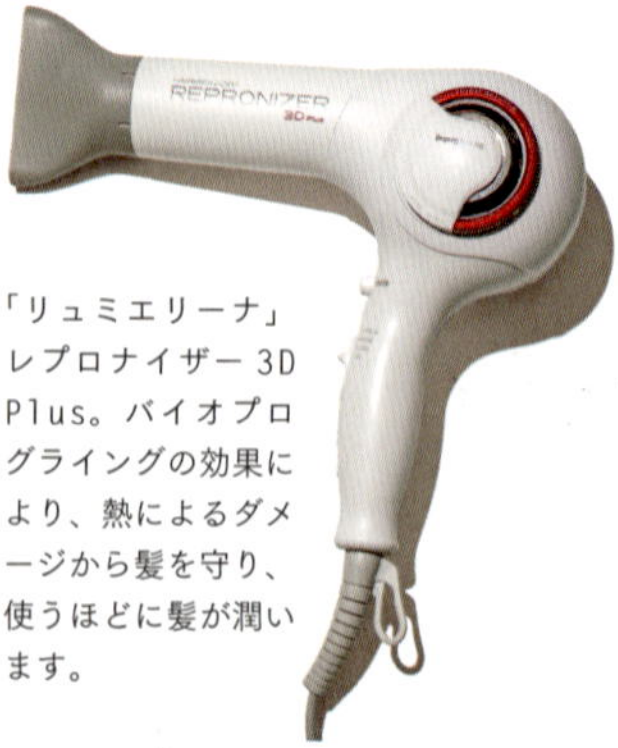

「リュミエリーナ」レプロナイザー 3D Plus。バイオプログライングの効果により、熱によるダメージから髪を守り、使うほどに髪が潤います。

シャンプーは、頭皮ケアのスカルプDの炭酸ジェットシャンプーという、頭皮の皮脂や汚れがきれいさっぱりと落ちるものを使っています。毛穴もキレイにしてくれますし、髪の毛もちゃんと真っ直ぐに生えてくるようになります。現代は高齢化社会、医療の発達によりどんどん寿命が長くなっています。人生60年なんていうのは遠い昔の話で、今は男女ともに平均寿命は80歳を超えています。そうなると、健康で少しでも長生きし、その生きている時間はなるべく長い時間、素敵な自分でいたいと思うもの。だからこそ、毎日使うドライヤーやシャンプー、育毛剤は、本質的な部分にこだわって、少しでも長い時間美しくいられるための機能性を持った製品を使うべきなのです。髪の毛のために、発毛効果のあるミノキシジルやフィンペシアを飲んだこともあります。

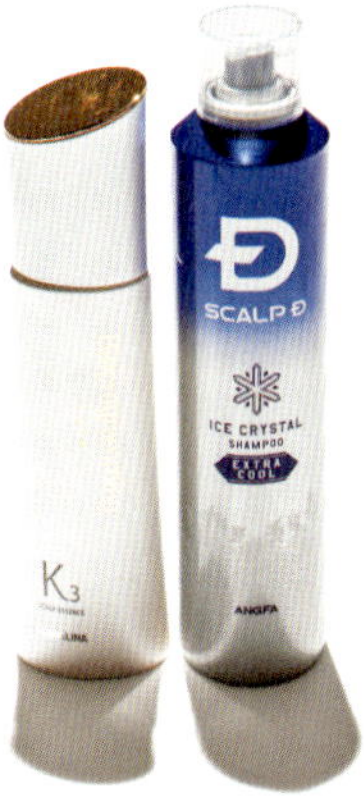

左：「リュミエリーナ」のスカルプエッセンス K3は、頭皮用ローション。髪の悩みを解決。右：「スカルプD」のアイスクリスタルシャンプーは新タイプの炭酸ジェットシャンプー。炭酸ジェットによる頭皮アイシング効果で瞬時に頭皮を冷却。冷感成分と保湿成分が時間差で発生し、長時間頭皮を冷やし、夏の頭皮炎症を抑えてより良い頭皮環境へ導きます。

髪の毛は、清潔感がとても大切です。毎日、洗髪してキレイにするのは基本中の基本。そうすれば髪のにおいも取れますし、嫌な頭皮のにおいもしません。「やっぱり、いい香りの人が素敵よね」と女性は言いますからね。バランスの取れた食生活や睡眠を保ち、栄養の行き届いた健康な髪をしっかりケアし、清潔に保つことが大切なのです。ヘアスタイリングに精を出すのは、それができてからにしましょう。

「ウェーボ」のデザインキューブ ドライワックスは、強いセット力とドライ感で、マットで自然な仕上がりになります。この7年ぐらい、スタイリング剤はコレ一筋、まとめ買いしています。

SMELL

女性に嫌われるにおいの原因をもとから断つ

身嗜みという意味でも、におう!!というのはもってのほかです。電車の中が臭い、おじさんたちの汗のにおいがイヤという女性も多くいます。ワキガは仕方ないのですが、病院で治療が可能なので、できるだけ無臭な自分でいるようにするのがベターです。通常の汗なら普通にきちんとシャワーを浴びていれば、そこまでにおいはしないはずです。女性がいう、いくら上等なスーツを着ていたとしても、汗のにおいやタバコのにおいが鼻についたらイヤだというのは男性の僕でもよくわかります。ですので、においのもとになるような原因は、なるべく絶ちましょう。僕の場合は一気ににおいが取れるボディシャンプーを使っています。例えば、ロート製薬のデ・オウというものがあります。CMでもやっていますが、「男のにおい・汗・ベタツキを徹底洗浄!」と銘打ち、においを全部取ってくれるのです。髪の毛の項でも書きましたが、シャンプーはスカルプDの炭酸ジェットシャンプーやストロングオイリーが一番強力で、毛穴の皮脂をキレイに落としたうえ、においも取り除いてくれます。

FRAGRANCE

また、ドラッグストアなどで売っている簡易ボディシートを使うのも有効な手段です。僕は花王のメンズビオレ デオドラントボディシート（フレッシュオレンジの香り）を使っています。各社からいろいろな製品が出ているのですが、ほとんどがスッキリとしたミント系の香りばかりの中、男性用なのに珍しく、女性でも使えそうな柑橘系のオレンジの香りがするのです。1枚で全身を気持ち良く優しく拭けてにおいを防いでくれます。さらに、男の人が体臭として一番自覚できるのが足のにおい。特に靴を脱ぐシーンでは、足のにおいにも気をつけたいものです。気になったらボディシートで拭くといいでしょう。

香水は、好きな女性と一緒に買いに行く

香りは女性の興味も大きいものです。だからこそ、ひとりよがりではなく、好きな女性の好みの香りをつけてみるのはいかがでしょうか？　いつも思うのですが、「何で好きな女の人と一緒に香水を買いに行かないのかな?」と。彼女が「良い」と言う香りが、僕は

一番良いと思うのです。いきなり香水ではなく、優しく香るボディミルクなどから始めるのもいいでしょう。僕は、ボーテ デュ サエのボディミルクを使っています。なんといってもしっとりしていて、つけたときの香りがとても良いんです。世の女性を「香りで、もっと素敵に、もっと幸せにしたい」ということから始まったブランドで、基本的に女の人が使うものなので、女性から「良い香りですね」と言われることも多いです。ローズブーケの香りですが、男っぽさも少しあり、男性でも全然ＯＫ。あとは値段が３９００円と手頃なので、ガンガン使えるのもいいところです。香水をつけるより、自然な香りに

お気に入りの香水たち

左から／「ペンハリガン」のブレナム ブーケ。シトラスが爽やかに香る若々しいトップノートから、針葉樹と森の香りが広がるウッディで落ち着いた香りに。「カルバン クライン」のエタニティフォーメン。爽快感のある香りで、すがすがしいハーブとみずみずしいフローラル、甘酸っぱいフルーツの絶妙なバランスが好感度の高い香水。「エルメス」のオードゥ パンプルムス ローズ。シトラスとグレープフルーツをブレンドし、ローズのモダンな香りです。「カルトゥージア」のメディテラネオ。地中海のレモンのように快活な香りです。／すべて干場私物

「サンタ・マリア・ノヴェッラ」のミルクサシェ。３世紀もの間作られているポプリでトラディショナルな良い香りです。／干場私物

なるのもポイント。もちろん、植物由来の天然成分と精油にこだわった自然派ボディケアなので肌に良いのも魅力です。優しく香るということを考えると、ボディミルクは香りの初心者におすすめ。まさに効能と香りの一石二鳥です。

香水はパルスポイントという、脈が打つ部位につけるのが基本です。香りは下から上へと立ち上ってくるので、足首やひざ裏などの下の方につけるのがポイント。または、空気中に1プッシュして下をくぐる。つけすぎたら1回シャワーを浴びれば、香りの角が立たなくなり、柔らかく香ります。これは香水のつけ方のテクニックです。やりすぎはNGなので、僕は軽くつけるかライトな香りしかつけません。

また香りフェチなので、2～3種類のボディミルクと香水を併用します。つける量や部位でも香りは変わります。服を脱いでいくと、最後に意外な良い香りがするのが一番エロいかもしれません（笑）。

左：「ビオテルム」のオービタミネ ボディミルク。すべすべの肌に整えてくれます。右：「ボーテデュ サエ」のナチュラル パフュームド ボディミルク（ローズブーケ）。／ともに干場私物

女性は、肌にうるさい

規則正しい生活をしていないと、それは外見に出てくるものです。女性は男性のツメや手、そして肌も見ています。顔の肌が荒れていたり、くすんでいたら、「この人、生活が荒れているんじゃない？」と思われかねません。極端にいえばインスタント食品ばかり食べていると、顔も肌もインスタントな質感になります。健康的な美しい身体を形成するためには食事も大切。良い食材と水、調理の仕方で、栄養バランスも取れているかなど……。体内に入れるものにはきちんとこだわるべきなのです。そして運動も大切。年齢を重ねると代謝が悪くなり、老廃物が溜まりやすくなります。

左から／「クリニーク フォーメン」のMXハイドレーター ウォーター ジェル コンセントレート。乾いた肌につけた瞬間馴染んで潤いをしっかり閉じ込める保湿成分と、カプセル化したスキンケア成分をダブルで届ける独自のリキッド スフィア テクノロジーを採用。「コスメデコルテ」の化粧水とリポソーム トリートメント リキッドの２本は生体類似成分配合で、角層のすみずみへ瞬時に浸透する高機能化粧水です。女性の間でも評判のこの２本は本当に使えますね。／すべて干場私物

だから代謝を高める適度な運動も積極的にし、まず健康であることを第一に考えましょう。

僕は顔の肌のケアは、ドゥ・ラ・メールやコスメデコルテの化粧水とクリームの2ステップだけ。1年中日焼けもしていますので、右ページの高機能なメンズコスメなどを使って、洗顔はもとより保湿ケアもやっています。そしてスキンケアの一環として、毎日鏡で顔をチェックするのも当たり前のこと。できれば、前だけではなく横顔や後ろ姿も見たいものです。特に、年齢を重ねれば重ねるほど耳毛や鼻毛など細部の毛も伸びてきます。

僕はよくイベントなどの仕事でファッションの話をするときに、「全身鏡を持っていますか?」という質問をしますが、意外と全身鏡すら見ていない人が多いことに驚かされます。まずは1枚の普通の手鏡でもいいので、必ず顔を見るように心がけると、清潔感を保つことができるでしょう。肌もキレイな方が良いし、ムダ毛だって無いことに越したことはないのです。

ともに「ドゥ・ラ・メール」の製品。左から／ザ・モイスチャライジング ソフト クリーム。ザ・モイスチャライジング ソフト ローション。後者は乳液。日常的にこの2つを愛用しています。／ともに干場私物

HAND

想像以上に、手や指先、ツメは目立つ

女性は想像以上に男性の手をよく見ているものです。小指のツメだけがやたらと長いとか、ツメの中に黒くゴミがたまっている……なんて手を見ると、興醒めしてしまう女性も多いと聞きます。僕は妹がネイルサロンを経営していたこともあり、ツメに関してはケアの方法を教えてもらい、道具を揃えて自分で手入れしています。

甘皮を処理する道具やツメのカーブを丸くするヤスリ、表面を磨く細かいサンドペーパーなどを用います。なるべく自然に見えて、マットでキレイな方が僕は好きなので、そうしたケアをしています。マニキュアをピカピカに塗るとか、小指のツメだけ伸ばすようなことはしません。男の人は、なるべくツメを短く切るべき。女性が「この人に触れられたいな」と思うような手や指先でないと、ダメなんです。Tシャツを着ると半袖から腕が露出しますが、手から視線を上げたとき肘がカサカサしているのもNG。ボディクリームを使い、手先や指先はもちろん、肘もこまめにケアするといいでしょう。また手のにおいも注意が必要です。手洗いはこまめにしてにおいを消し、清潔に保ちたいものです。

BEARD

大切なキーワードは「時短」「バランス」「効率」

ヒゲの手入れはフィリップスのヒゲトリマーを使っています。カートリッジがついていてヒゲの長さを2ミリ、4ミリ、6ミリ、8ミリと変えられます。ヒゲの各部分で長さを変えて、ガーッと刈っておしまい。時短で整えることができるので便利です。

鼻毛に関しては、外苑前にある「BeautiQ（ビューティック）☎0120-209-711」という専門のサロンで定期的に脱毛しています。1本ずつ抜くより10分で一気に脱毛できるので、結果「時短」になります。眉毛に関しては、長くなった部分を自分でたまにカットするぐらい。デザインしすぎないで、なるべく自然に見えるようにすることが、とても大切なのです。

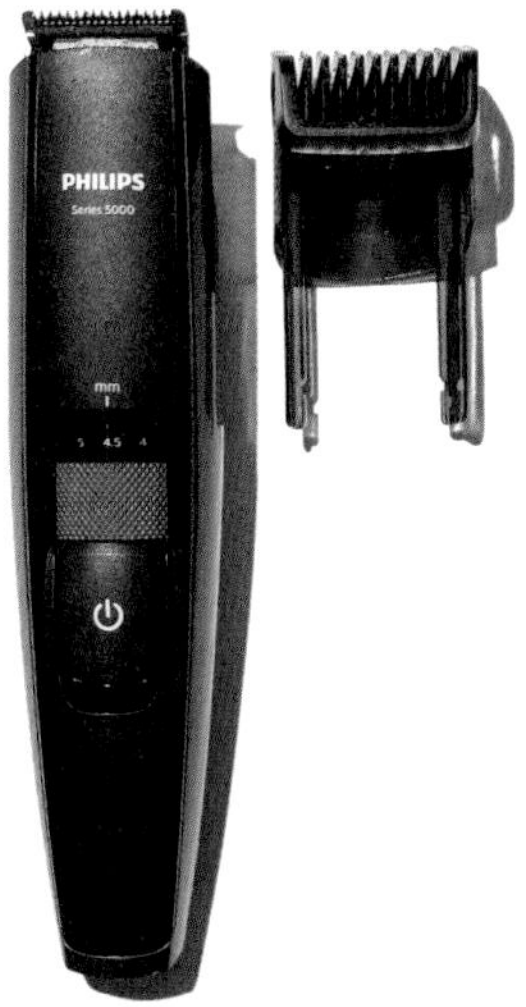

「フィリップス」のヒゲトリマー。20年前からこればかり。使いやすく、旅にも必ず持参しています。／干場私物

TEETH

歯は、目や口ほどにものをいう

歯は定期的に歯科医でクリーニングするのがいいでしょう。歯や歯茎を健康に保つということはもちろん、歯垢がついてしまうと取るのに時間がかかるので、それを防ぐための時短という側面もあります。いつも使う歯ブラシは、フィリップスのソニッケアーの一番汚れが取れる音波電導のもの。これも効率ということを考えた上での選択です。常にポーチには歯ブラシと歯磨き粉を入れ、食事をした後や人と会うときなどは必ず歯磨きします。エチケットや身嗜みという視点からも大事なことです。いくらファッションや髪型に気を使っていても歯が汚い、口臭があるなどは問題外。女性に「この人ならキスしてもＯＫ」と思われるような歯でないと、ダメなんです。

「マービス」のシナモンミントの歯磨き粉。ホワイトニング成分がステインを取ってくれます。なにより味が美味。／干場私物

LIP

「ドゥ・ラ・メール」のザ・リップ バーム。保湿効果に優れたミラクル ブロス™が配合され、唇や唇の周りをしっかりと潤わせてくれます。／干場私物

女性たちは、唇もよく見ている

男の人がノーケアになりがちなのが、ガサガサしやすい唇。乾燥して皮がカサブタのようになっている人がたまにいますが、それは避けたいものです。唇が荒れる原因は乾燥、摩擦、汚れ、ビタミン不足、胃腸の弱りなど、さまざまですが、水分を保持する力が弱いのでどうしても荒れがちに。毎日、鏡を見る習慣を持ち、唇の状態を確認したいもの。顔の中でも喋るときによく動き、人の目を集めるパーツですので、気を抜かずに手入れしましょう。僕はドゥ・ラ・メールのリップバームを常にポーチに入れて持ち歩いています。香りも良く、舐めると美味。「干場さん、バカじゃないの?」といわれるのを覚悟で書けば、キスしたときの女性ウケも良いかもしれません（笑）。お店でキャップに名前を刻印してくれるので、プレゼントとしても喜ばれますよ。

干場のお洒落HINTS

素敵な映画を着こなしや身嗜みのお手本にしてみては？

本書の冒頭でお話ししたように、素敵な男性たちを、着こなしやお洒落、人生でも、参考にさせて頂いています。僕はその他、邦画洋画を問わず、映画も参考にしているのでほんの一部ですがご紹介します。それぞれから着こなしだけでなく、立ち居振る舞いや話し方、色気のあるしぐさ人生観など、さまざまな素敵なヒントをもらえるはずです。何度見返しても、新たな発見があります。人気の映画には、例外なく魅力的な主人公が出てきます。どこが魅力的なのか、人を惹きつけるのかを考えながら見たりすると、新たな男性の魅力というものが見えてくることもあるかもしれません。楽しみながら“素敵な男性になる”レッスンができる方法として、ぜひおすすめします。たまには彼女や奥さん、女性の友人などと一緒に見て、いろいろ意見を聞いてみるのも新鮮です。目からウロコの意見が聞けるかもしれません（笑）。

❶『翼は心につけて』1978年公開の文部省特選／日本PTA全国協議会特選映画。15歳の女子中学生が癌と闘う姿を石田えりが熱演。人生の大切さ、生きる意味を教えてくれ、泣けます。（フルモテルモ）❷『少林寺木人拳』初期ジャッキー・チェン映画を代表する作品。仕事で落ち込んでいるとき、これを見て頑張ろうと思いました。（パラマウントジャパン）❸『ゴッドファーザーPART3』映画史上に残る名作。ラストシーンで流れるカヴァレリア・ルスティカーナ間奏曲は、自分の人生の最後に聴きたい1曲。（パラマウントジャパン）❹『運命の女』ダイアン・レインのエロサバな着こなしに気絶。（フォックス ホーム エンターテイメント）❺『トーマス・クラウン・アフェア』1968年のスティーブ・マックイーン主演の『華麗なる賭け』のリメイク映画。男のライフスタイルの幅の広さに憧れます。（フォックス ホーム エンターテイメント）❻『アメリカン・ジゴロ』リチャード・ギア主演。ジョルジオ アルマーニが衣装を手掛けたことでも有名。大人の男の色気といったらコレ。ジーンズ姿もカッコいい！（パラマウントジャパン）❼『ナインハーフ』ミッキー・ロークとキム・ベイシンガーが主演。大人の男女の恋愛と官能をスタイリッシュに描いていて、よく参考にしました（笑）。（キングレコード）❽『プリティ・ウーマン』リチャード・ギアとジュリア・ロバーツ主演の世界的大ヒット映画。タキシードやスーツが似合う王道の男になりたいと思わせてくれます。（ブエナ ビスタ ホーム エンターテイメント）／すべて干場私物

Chapter 2

BASIC 10 ITEMS

これさえあれば!な 基本10大アイテム

～基本アイテム編～

フォーマルと違いカジュアルにはルールがなく、それゆえ難しいときもあります。何を選び、どう着こなすべきなのか？　そのためには基本をおさえることが大事。ここでは僕が長年ファッションに携わった中からいきついた大人のカジュアルの基本アイテムをご紹介。まずはこれさえ揃えれば十全に着こなせます。

干場的、究極の私服
基本の10大アイテム

何を揃えればいいかわからない方は、まずここに紹介する10アイテムをおすすめします。カジュアルの基本の「き」といえるものばかりです。

何はなくとも白シャツです。
男の基本として必須！

01

白シャツ

›› P.46

バッグは1タイプでは収まりません。必要な5タイプを紹介。

07

バッグ

›› P.122

世界的に通用するネイビージャケット。その選び方を解説します。

02

ネイビージャケット

›› P.72

06

靴はTPOに合わせて街ではくことを前提に4タイプを紹介します。

カジュアルシューズ

›› P.106

03

誰もが持っている
ジーンズだからこそ、
選び方の基準が大切！

ジーンズ

›› P.86

UV対策だけでなく、
いかに小物として
使いこなすかがカギ！

09

アイウェア

›› P.144

08

時を知るだけでなく、
腕時計にはその人の
美意識や感性が表れます。

腕時計

›› P.132

素材が命。その善し悪しが
着こなしにも影響します。

04

05

ニット＆ストール

›› P.96

アクセサリー

›› P.154

10

大人がつけるなら１点のみ。
それ以上はトゥーマッチです。

01

白シャツ

ITEM. WHITE SHIRTS

定番だからこそ
自分に合った1枚を

RULES.

白シャツは、自分のスタイルを形成する上で欠かすことのできないアイテム。とはいえ、世にはさまざまな素材やデザインの白シャツが存在します。何を選べば良いのか? そこで、「白シャツ」の章では、カジュアルスタイルにおける白シャツの選び方を、順序立ててレクチャーしていきます。

HOSHIBA'S EYE

HOSHIBA'S TEPPAN CHOICE

Maria Santangelo

「マリア・サンタンジェロ」の白シャツ

1953年に設立のナポリ発のカミチェリア（シャツメーカー）、マリア・サンタンジェロ。その白シャツは職人30人ほどの工房で、家族代々受け継がれる伝統的な仕立て技術を守り、丁寧に作られています。快適な着心地とシルエット、そして美しい襟やカフスの柔らかな曲線と仕立ての良さ、気品あふれる雰囲気が特徴。僕の大好きな１枚（P.61）。

白シャツ￥27,000／マリア・サンタンジェロ（B.R.SHOP）

1 まずシャツの意味と出自を知ることが大切

まず、自分に似合う白シャツを探す前に、知っておくべき大切なことがあります。それはシャツの出自です。シャツの意味をご存知でしょうか？　そもそもシャツは下着だったのです。そのため、淑女の前で上着を脱いでシャツ1枚になることは許されていませんでした。品性を疑われる、紳士がやってはいけない行為のひとつだったのです。今でも下着1枚で公道を歩いていれば、公然猥褻罪の疑いをかけられるのですから当然のこと。今の時代より、はるかに規律が厳しかった古い時代のことを考えれば、紳士たちが上着を脱ぐことに抵抗があったのも頷けるはずです。

もともとメンズファッションの起源は、英国が発祥といわれています。英国人たちが伝統やルールを作り、それが世界各国に伝わっていったのです。シャツも同様で、まずは英国紳士たちが着用し、世界各国に伝わっていくことで、その国の文化と相まって形態が変化していきました。

シャツにポケットがつくようになったのは、イギリス人たちがアメリカに渡ったときのこと。その頃はもちろん、シャツは下着という認識でした。〝下着〟というからには〝上着〟が存在し、上着はシャツの上に着るジャケットのことを指していました。上着には、いろいろなモノを入れるためのポケットがついています。つまり、上着にポケットがあるので、シャツにはポケットがついているものが存在しなかったのです。

それが、利便性や合理性、実用性を求めるアメリカ人たちが、上着を脱いでシャツ1枚で過ごすようになったときに、シャツにポケットがないことを不便に感じ、ポケットを縫いつけて着るようになりました。実用性からのデザインなので悪くはありませんが、本来ポケットはないものだったということを知っておくと、今の時代におけるカジュアルなシャツの着こなし方も変わるはずです。

カジュアルスタイルだからなんでもアリ。カジュアルスタイルなんだから何をどう着たっていい、という方もいらっしゃるかもしれませんが、やはり大人としてはモノの出自を知っていることは大切。シャツがそもそも下着だったということを知っていると、たとえ上着が必要のない場面でも、ジャケットを必ず持って行動するという自分のスタイル形成にも繋がっていくのです。

2 自分にピッタリの1枚をオーダーし、基準にする

さて、シャツの出自を知ったところで、次に大事なのが、いかにして自分に似合う白シャツを見つけるかということです。白シャツは、世の中にあるほとんどのブランドから出ていると言っても過言ではありません。その中には、襟が大きかったり、襟がなかったり、裾が長かったり、裾が極端に短かったり、半袖だったり、ボタンがたくさんついていたり……。白シャツといっても、本当にいろいろなものがあります。自分に似合う白シャツを探すのは、実はとても大変な作業です。僕も、これだ！という白シャツに辿り着くまでに、たくさんのお金を使いましたし、苦労してきました（笑）。

そこで僕としては、まず自分にピッタリの白シャツを1枚仕立ててみることをおすすめしたいのです。自分に似合うベース（基準）となるシャツを作っておくという意味です。シャツを仕立てるというと、どうしても高価に感じるかもしれません。「えっ!?　いきなりオーダー？　ハードル高くない？」。そう思う方もいらっしゃると思いますが、実は、2万円も出せば良いシャツを仕立てることができます。シャツを仕立てることで、自分の

型、つまり自分に似合う一番基本のスタイル、ベース（基準）を見つけることができます。回り道をして余計なお金を使わないで済む分、結果として経済的なのです。

誰かがデザインした既製の白シャツの中から、自分の身体にピッタリ合う1枚を探すとの方がよほど難しいものです。なぜなら、それは、不特定多数の人のためにデザインされたものであり、自分のためにデザインして作られたものではないからです。仕立ててみるとそれがよくわかります。身頃の幅や着丈、腕の長さや太さはもちろん、自分の顔に似合う襟の大きさや、襟の形、前ボタンの間隔、袖口のカフのデザインなどがわかり、自分の体型を一番美しく見せてくれるサイズ感や、バランスを知ることができるのです。人間は十人十色。人のサイズも十人十色で、それぞれ違うものです。だからこそ、誰にでも似合うように最大公約数のサイズに落とし込んで作られた既製品のシャツを着るよりは、自分に似合う1枚を作ってしまった方が早いのです。

ルールがないカジュアルなスタイルで着る白シャツとはいえ、サイズ感はとても重要です。ネックサイズは指1本入る余裕があるか、袖の長さがピッタリ合っているか、裾はヒップが隠れるかなどなど。サイズ感にはいろいろとありますが、信用のできるシャツ専門店やセレクトショップ、紳士服を扱う百貨店のスタッフにお願いしながら、1枚オーダーしてみるのが理想です。（具体的なオーダー方法はP.54）ショップスタッフは、言ってみれば専門家です。シャツのことを熟知し、どんな時期に、どんな場所で、どんな目的で、誰と会うために着たいのかなど、用途を踏まえたうえできちんと対応してくれ、ベストな白シャツを作ってくれるわけですから、教えをぜひ請うべきなのです。

もし自分の意志とは違うシャツがオーダーででき上がってきた場合は、でき上がったシャツの、どの部分が好きじゃないのか？　何がダメだったのか？　それを検証し、相談してみるといいでしょう。もしくは、もうそのお店ではオーダーしないと決め、セカンドオピニオンではないですが良いお医者さんを探すように、いろいろなお店を何軒か回ってみるのも手です。シャツを何枚も仕立てるのは、お金持ちでない限り難しいものです。そうそうできませんが、ベースとなるシャツを1枚持っていれば、それを今後既製品を買うときにも基準値にすることができるので、実はとても便利です。あれこれと流行に流されることも少なくなります。まずは一度仕立ててみることをおすすめします。

オーダーで仕立てるのが難しい場合は、自分に一番似合うと思うシャツを基本にして、お直し屋さんに行って体型に合わせて補正してもらうのもおすすめです。これなら、持っている自前のシャツでも、お直し価格だけで自分の体型に合わせることができます。例えば袖が長い場合は、袖を短く詰めてもらうといいでしょう。僕の場合は、右腕の方が左腕より１㎝短いので、必ず右袖だけ１㎝短くしています。腕の長さは、人によって左右対称ではない場合もあるので、お直し屋さんやショップスタッフにチェックしてもらってみてください。

胴回りのサイズも、両脇から詰めたり、背中にダーツを入れたりして、細く直すことも可能です。カジュアルスタイルのためのシャツでも、ピッタピタのサイジングはあまりおすすめできませんが、ある程度なら自分に合わせることもいいでしょう。その他、着丈を短く詰めたり、肩幅なんかも直すことができますが、そのシャツ本来の雰囲気を損なうことにもなりかねないので、注意が必要です。

いずれにしても大切なのは、信用のできるお直し屋さんに持って行くこと。僕の場合は、中野にある「浅野洋服店 ☎03－3385－5671」か、「SARTO（サルト）www.sarto.jp」に持って行きます。どちらも、洋服リフォームのプロで技術力があり、センスも確かです。ぜひ利用してみてください。

3 白シャツのオーダー方法とは？

では、ここからは、干場流の白シャツのオーダー方法をご紹介していきます。オーダーというと、自分の好みをすべて伝えなければいけないので大変だと感じてしまう方もいらっしゃるかもしれませんが、慣れてしまえば、どうってことはありません。

ざっくり言うと4つの部分が大切です。1素材 2形（デザイン） 3サイズ 4ディテール。素材は、読んで字のごとく。どんな素材の白シャツを着るか？ということ。着心地に関わります。デザインは、どういう形かということで、襟や裾、袖口の形状など、いろいろタイプがある中でどういった形にするかということ。サイズは、自分が選ぶというよりは、美しく見える基準値があるので、それに合わせて自分の好みを伝えるといった感じです。最後にディテール。これは、ボタンの大きさや厚み、ネーム刺繍の糸の色など、細部についてのこだわりです。では、実際に1から順に説明していきましょう。

1 素材は3種類。形は一緒で、素材別に揃えるのが干場流

ひとくちに素材といっても、いろいろな種類がありますが、カジュアルスタイルで使えるとなると、以下の3種類が便利です。綿（コットン）、コットンジャージ、麻（リネン）。この3種類の素材は、いろいろなスタイルに対応することができます。その人のライフスタイルにもよりますが、ビジネスが中心のカジュアルスタイルを求める方だったら、綿（コットン）のなかでもブロードやオックスフォードをベースに選んでいくといいでしょう。どんな服にも合わせやすいので最強といっていいかもしれません。ストレッチ性が高く、動きやすいコットンジャージも使い勝手が良いのでおすすめです。麻（リネン）は、日本人には夏のイメージがあるかもしれませんが、イタリア人は季節を問わず着ています。ジーンズにリネンシャツを着る場合もありますし、ショートパンツに合わせる場合もあります。いずれにしても、この3素材を揃えるのがおすすめです。

白シャツ1枚とっても、選ぶ素材によって着たときの印象が変わり、着るべき季節も変わり、当然コーディネートも変わります。だからこそ、その素材にどういう特性があって、どんなTPOに似合うのか？　つまり、Time（いつ）、Place（どんな場所で）、Person（誰

と)、Occasion(どんな目的で)に合うかを考えることが大人にとっては重要です。また、白シャツは、デザインや色や柄ではなく、素材が勝負です。例えるなら、本当に美味しいおにぎりと同じということ。お米自体が美味しければ、中身の具材や海苔なんかに頼らなくたって、極めてシンプルな塩結びで、十分に美味しいものができるのです。こんなふうに、僕はファッションに迷ったりすると、頭の中を整理するために、常に食に例えて考えるようにしています。シンプル・イズ・ベスト。これは、すべての僕の洋服の選び方に共通しているテーマであり、根幹の考え方なのです。

2 形(デザイン)は、クラシックが根底にあるベーシックなものを

形は、デザインされすぎていない基本的なもの、ベーシックなものがいいでしょう。裾がすごく長いとか、腕が長いとか、襟が極端に大きい、ボタンがないなど、突飛なデザインのものは選ばないようにしています。なぜなら、デザイン性が高く突飛だと、他のアイテムとのバランスを取るのが難しくなるからです。さらにいうなら、突飛なデザインに引っ張られて、一番見せるべき部分、着る人の大切な中身を見えにくくするのです。いつも、

僕の中での答えは決まっています。「普通でいいんです、普通で」。変わったデザインは好きではありません。着回すことを考えるとベーシックなデザインに勝るものはないのです。ただ、ベーシックなデザインといってもいろいろあり、僕の場合はイタリアのクラシックスタイルをベースにしたものか、アメリカのクラシックスタイルのボタンダウンが理想。なぜなら、自分が好きなジャケットにも合うし、デニムにも合うし、ショートパンツにも合って汎用性が高いからです。

襟型は、いずれも同じタイプで良いと思っています。基本は、自分の顔の大きさや顔の形状に似合うセミワイドスプレッド。前立て[1]は、あってもなくてもどちらでもいいでしょう。白シャツは、スーツやジャケット、グレーパンツにも合うし、ジーンズやショートパンツなどにも着られる万能アイテムです。だからこそ、なるべく同じデザインで、素材によって着分けるというのが、僕が一番大事にしている部分なのです。

白シャツだけで30枚以上持っていますが、ブランドは複数あれど、いずれもほとんど同じ形（デザイン）です。なぜなら、デザインが違うものを選ぶと、必然的にジャケットもそ

✓ HOSHIBA'S HINT

1 **前立てとは？**
シャツなどの前開きの上前につける細長い布。表前立て、裏前立て、比翼前立てと大きく3種類ある。「前立て」というと表前立てをさすことが多く、ドレスシャツにもカジュアルシャツにも使用される。

のシャツに合ったものが必要になり、シャツだけでなくジャケットの数も増えてしまうからです。シャツも、ジャケットも、その他のアイテムもそうですが、まずは自分の体型に似合う1枚を見つけ、そこから素材を変えて揃えていくことが、自分を素敵に見せる近道なのかもしれません。

3 サイズは、自分の体型を美しく見せてくれる大きさで

素材、デザインが決まったら、次はサイズについてです。痩せている人なら、あまりにもタイトなサイズにすると華奢《きゃしゃ》に見えてしまいます。一方、太っている人がかなりサイズ感に余裕を持ってオーダーすると、余計に太って見えてしまう可能性があります。自分の体型を美しく見せるサイジングなんて、プロじゃなきゃわからない、と思う方もいらっしゃると思いますので、そういう方は、必ず信頼できるお店に行ってみることです。

僕の場合は、1年に1回自分のヌード寸を計測するようにしています。ヌード寸は、メジャーを持っていれば、バスト、ウエスト、ヒップぐらいなら自分でも計測できます。バスト98㎝、ウエスト78㎝、ヒップ88㎝。これは僕のヌード寸ですが……、自分の体型を知

っていると、自分に似合うシャツを作るときにとても役に立ちます。さらに言ってしまえば、自分の体型管理、健康管理にも繋がっていくのです。あとは、イタリアンサイズなら39、SML表示ならMなど、自分の体型の、各国のサイズ表記を知っておくのも便利です。僕は、オーダーする際イタリアンサイズの39をベースにして、そこから補正していきます。P.53でもお話ししたように右と左の袖の長さも1㎝違うので、必ずその部分は、職人の方やショップスタッフに伝えるようにしています。いずれにしても、大切なことは自分のサイズを知っておくことなのです。

素材によって、サイズを変えることもあります。コットンジャージなど、ジャストフィットで着たいシャツに関しては、前述した自分の体型にフィットするものを選びますが、リゾート地で着るような麻のシャツは、リラックスした雰囲気を出すために、やや大きめのサイズをお願いするようにしています。麻のシャツは、どうしても素材の特性上、伸びにくいのが特徴です。麻のシャツをピチピチで着ると、変なシワの入り方になってしまうんですね。シワが入ると袖や着丈が上がってきて短くなってしまいます。綿より麻の方が素材の表情がありますが、シワが入りやすいので、選ぶ際に注意が必要です。

4 ディテールは、凝りすぎず「普通でいいのよ、普通で」

ディテールは、日本語では細部ということですが、これもやりすぎは個人的に好きではありません。ボタンが厚すぎると、とめにくかったり、割れやすかったりします。だから、ボタンひとつとっても、なるべくとめやすく、割れにくい素材や厚みを選ぶようにしています。例えば、ステッチの色も同じです。よく白シャツのすべてのボタンホールをかがった糸が、白ではなく違う色を使ったものがありますが、あれは悪目立ちして、せっかくの白シャツの純粋な美しさを半減させてしまいます。しかも、白にほかの色、例えば黒が使われることで、色数が2色になってしまって、コーディネートが制御されてしまうのです。コーディネートは、なるべくシンプルに完結した色使いの方が、着る人が際立ちます。ですので、僕は、白シャツに他の色のステッチが施されたものは、なるべく着ないようにしているのです。

ステッチやボタン、ネーム刺繍の入れ方など、ディテールにこだわって個性を主張することもできますが、僕はなるべく主張を少なくするようにしています。なぜなら、見て欲しい部分はシャツのディテールではなく、自分自身の中身だからです。

4 おすすめの白シャツのブランドやお店とは？

前項では、白シャツのオーダー方法に触れましたが、もっと手っ取り早く自分に似合う白シャツを探したい！　そんな方には、幾つかのブランドやお店をご紹介します。「カジュアルスタイルで大人が似合う白シャツを探しているんですけど……」と尋ねてみると、そのお店のスタッフが親身になって教えてくれるはずです。別にそのとき買わなくてもいいのです。意見を聞くために行き、1軒、2軒ぐらいお店を巡ってみると、ちょっとした流行や、何がベーシックでスタンダードなのかということが見えてくると思います。時代の中のスタンダードも実は少しずつ進化しています。その進化をきちんと捉えているお店が、やっぱりいいと思うのです。そういった意味でいくと、大人向けのファッション誌に出ているようなお店は信頼できるお店が多いので、覗いてみるといいでしょう。では、ここからは僕のおすすめの品やブランド、お店をご紹介していきます。

ひとつ目はP.47でまず紹介したマリア・サンタンジェロのシャツ。ハンドメイドで有名なイタリア・ナポリ発の美しいシャツです。こちらは、イタリアのクラシックスタイルをベースにしていますので、カジュアルなシャツとはいえ、品位を損ないません。大人が着る上で重要なのは、カジュアルスタイルでも品位があることです。

2つ目は、ネットで買えるカミチャニスタ（P.63）のシャツ。価格も5000円と驚くほどコストパフォーマンスに優れていますが、きちんと作られているのがポイント。イタリアのシャツ職人として知られるレオナルド・ブジェッリさんが、実際に中国まで足を運び、シャツの製作をディレクションしていますので信用できる作りになっています。企業努力によってコストパフォーマンスが良いのも嬉しい限り。エコラグ（エコノミック・ラグジュアリー〈P.184〉）、つまり経済的に、賢くお金を使うことを提案している僕も、昔からまとめ買いしているお気に入りのブランドです。僕の場合は、サイズが39とわかっているので、汚れやすい白シャツを3枚、サックスブルーのシャツを1枚、白とサックスブルーのストライプのシャツを1枚、計5枚を、お気に入りのブランドから選び1セットにしています。5枚着たらクリーニングに出し、手元に残った5枚を着たら、またクリーニングに出す。上手にローテーションすることで、常にキレイな状態で着ることができ、また清潔に保つことが出来るのです。

01
WHITE SHIRTS

「カミチャニスタ」の白シャツ

リデアがプロデュースするカミチャニスタのシャツはとにかくできが良く、必携の１枚。ブランド名はイタリア語の「CAMICIA（カミーチャ＝シャツの意）」から生まれた造語。フライ、バルバなどのイタリアの高級シャツに見られるシルエットとディテール、仕立ての技法を取り入れています。コストパフォーマンスの高さが魅力的です（P.62）。

白シャツ¥5,000／カミチャニスタ（リデアカンパニーリミテッド）

3つ目は、デッコーロウォモ（P.65）のシャツをご紹介します。一番の特徴は、ポロシャツと同じスポーティなカノコ編みでできていること。モダールとコットンの独自に開発したジャージ素材で動きやすく、1日中快適に過ごせます。速乾性が高く、汗ばむ夏場でも快適に着られるのがポイント。また、シワにもなりにくいので出張が多いビジネスマンにも最適なんですね。襟型はセミワイドというよりは、ホリゾンタルカラーをベースに作られていますが、台襟が一般的なドレスシャツよりも前下がりになっているので、ボタンをはずして着た際、襟の返りが自然で美しく見えるように計算されています。さらに、立体的な肩周りで肩の可動域を広げ、腕を降ろしたときにも余計なシワが出ない袖の美しさも優逸です。また、自宅で簡単にケアできるので、クリーニングに頼らなくていいのも嬉しい。肉体に適度にフィットさせて着たいシャツだからこそ、鍛えられた肉体をキープしながら着たい1枚です。特に肩回りの筋肉と胸回りの厚みは、男性的な魅力をアピールできる部分。袖をまくり上げたときに二の腕に出る筋も、女性たちは男らしさを感じるといいます。女性にない部分は、男の色気になるのです。

「デッコーロウォモ」の白シャツ

シャツ専門ブランドで、イタリア語で「離陸」を意味し、出張の多いビジネスマンや旅行者、各分野のプロフェッショナルなパートナーとして生まれました。奇跡のような着心地とパーフェクトなフィッティングの両方を実現。まるで第二の肌をまとっているかのような自由度、軽くストレスがない着心地は、着ていることを忘れてしまいます（P.64）。

白シャツ￥18,000／デッコーロウォモ

4つ目はインダスタイル トウキョウ（P.67）のコットンジャージ素材のシャツ。このシャツの特徴は、なんといっても着心地の良さ。前身頃がセットインスリーブで、後身頃はラグランスリーブになっている、スプリットショルダーという動体裁断®＋動体縫製®の手法を使っています。だから驚くほど着心地が良いのです。

機能系被服デザイナーの中澤先生という方が、人間の身体の構造を考え、一番ストレッチ性の高い機能は皮膚ではないかと思いついたそうです。実際に人間の6体分の皮膚を剥がしてみたところ、皮膚には理にかなったストレッチ機能が備わっていたそうです。その方法論を立体のシャツの中に落とし込めないかということで作ったのが、このインダスタイル トウキョウのシャツです。立体裁断シャツより進化した、動体裁断®＋動体縫製®シャツといわれています。圧倒的に着心地が良く、着ると衝撃を受けます。このデザインは、宇宙飛行士のユニフォームに採用されていたり、世界でも活躍するデザイナーの山本耀司さんも採用しているといえば、そのすごさがおわかり頂けるはず。

クラシックスタイルを念頭に置く白シャツといっても、さまざまな種類があるので、いろいろと試してみてはいかがでしょうか。ちなみにP.67の写真のものは、小ぶりの襟の干場別注のタイプ。モード感のある現代的な着こなしのときに重宝しています。

HOSHIBA'S EYE

HOSHIBA'S
TEPPAN CHOICE

INDUSTYLE TOKYO

「インダスタイル トウキョウ」の白シャツ

1956年創業の丸和繊維工業が手掛けるメイド・イン・ジャパンのシャツブランドが、インダスタイル トウキョウ。その特徴は動体裁断®＋動体縫製®といって、着たときに背中から首へのラインにシャツが沿ってたるみが出ない角度をつけ、日常の動きを想定した設計になっていること。身体にフィットし、他にない着心地の良さが特徴です（P.66)。

白シャツ￥19,000／インダスタイル トウキョウ

5つ目は、BEAMS F（ビームスF）のオリジナルシャツ。老舗セレクトショップが誇るきちんとした適正価格の白シャツです。ビームスの中でも、ビームスFのラインはクラシックなスタイルがベースになっているので、スーツやジャケットスタイルに合うことを前提として作られています。ですので、カジュアルスタイルとはいえ、そこまで砕けた印象にならないのが特徴です。大人のカジュアルは、ルール無用の子どものカジュアルスタイルとは一線を画すべき。ルールがある程度決まっているクラシックスタイルに根づいたカジュアルを心掛けるべきだと思うのです。ルールがないのがカジュアルという解釈もありますが、それでは何でも良しの支離滅裂なスタイルになってしまいます。基準はあくまで、クラシックなスタイルに根づくものであるということを念頭に置いておけば、流行がどんなに移り変わろうが、これから自分が年齢を重ねていったとしても、そこまではずした装いにはならないはずです。だからこそ、クラシックなスタイルがベースにあり、しかも老舗のセレクトショップであるビームスFは、最初に行くのに間違いないお店なのです。

5 クリーニングから戻ってもすぐに着ない！

白シャツのお手入れについては、人それぞれ方法があるとは思いますが……。僕の場合は、なるべくキレイな白い状態のままで着たいので、1日着たらクリーニングに出します。もちろん自分で洗うこともあるのですが、洗う手間暇や時間を考えると、忙しい僕にとってはクリーニングに出してしまった方が効率的なのです。ただし、クリーニングに出したからといって、完璧に仕上がってくるわけではありません。なぜかというと、折り畳まれて仕上がってくるからです。僕はクリーニングから上がってきたら、着る前に畳みジワがついた状態を、すべてアイロンでプレスし直して着ています。特に、袖口のカフに入ってしまった畳みジワの線や、肩の部分が半分に折られた折りジワは美しくありません。畳みジワは、あくまで畳みジワ。着たことによって入る、美しい着ジワではないのです。クリーニングのサイクルは、5枚まとめて出し、それが戻って来たら別の5枚を預けるという循環をしています。傷んできたら2～3枚買って、替えていきます。白シャツは、最低でも春夏3枚、秋冬3枚ぐらいあると、ローテーションしながら長く着ていけるはずです。

6 着られなくなるまで着たらどうする？

白シャツは、長年、着続けていれば、必ず傷んでしまう消耗品です。着られなくなってしまった場合は、ボタンを全部取ってボタンは再利用し、布部分は捨てます。昔は襟を取ってバンドカラーにして着てみたり、染めたりもしたのですが……、正直あまり着ませんでした（笑）。Tシャツは、着られなくなってしまったら靴磨きの布に使ったり、掃除に利用したりして二次利用しますが、白シャツは二次利用の仕方がなかなか思いつきません。Tシャツ同様、靴磨きの布として使うのが関の山なのかもしれません。

白シャツは、シンプルがゆえに、自らの中身が問われるものです。ちゃんとした生活をして、身嗜みも意識していないと白シャツが白く見えなくなってしまいます。すべてのアイテムに当てはまることですが、素敵な洋服を着たからカッコよくなれるわけではなく、素敵な洋服を着て、それに似合うようになるために、身嗜みや体型や姿勢を整え、中身を磨き続けていくことが重要なのです。白シャツが似合うようになることは、装いの基本であり、バランス感覚を知るための重要な試金石でもあるのです。

BRAND & SHOP LIST.

マリア・サンタンジェロ

1953年、イタリアのナポリにて創業したカミチェリア、マリア・サンタンジェロ。そのシャツはナポリの職人技術による着心地の良さを誇っている。伝統的な仕立て技術を家族代々守り続け、大型機械を使わずハンドとミシンを駆使した丁寧なシャツ作りを行っている。

●B.R.SHOP https://www.bronline.jp/brand/266/

カミチャニスタ

多くのイタリアブランドを発掘し、ストラスブルゴなどを手掛ける会社、リデアがプロデュースするシャツがカミチャニスタ。ディレクターはイタリアの仕立て服の文化と伝統を受け継いでおり、袖を身頃に後付けする縫製、本白蝶貝ボタンなど、高級シャツに比肩する品質を誇る。

●リデアカンパニーリミテッド ☎03-3470-7384
http://camicianista.com

デッコーロウォモ

イタリア語で「離陸」を意味するこのブランドは、ビジネスマンや旅行者、そしてあらゆる分野のプロフェッショナルのパートナーとして生まれたシャツブランド。奇跡のような着心地と、パーフェクトなフィッティング。シルエット抜群でシンプルデザインなので合わせやすい。

●デッコーロウォモ ☎03-6276-5390 http://decollouomo.com

インダスタイル トウキョウ

1956年創業の丸和繊維工業のブランド。自社開発したポロシャツが宇宙航空研究開発機構（JAXA）の公募した船内被服に選定され、2010年に打ち上げられた宇宙船のクルーが着用した実績がある。シャツブランドとして動体裁断®＋動体縫製®を採用。

●インダスタイル トウキョウ 丸和繊維工業株式会社 ☎0120-625-670
http://www.itohari.jp/fs/itohari/c/firstguide

ビームス F

1976年に原宿の６坪の洋品店「AMERICAN LIFE SHOP BEAMS」からスタートしたビームスは、日本のセレクトショップのパイオニア的な存在。創業40年を超え、現在さまざまなレーベルを展開している。中でも、ビームス Fの審美眼は世界からの評価も高いことで有名。

●ビームスF ☎03-3470-3946 東京都渋谷区神宮前3-25-14 1F・2F
11：00～20：00（1F・2F）不定休

02

ネイビージャケット

ITEM. NAVY JACKET

大人のカジュアルにおいて絶対に必要なアイテム

RULES.

ネイビージャケットは数あるジャケットの中でも、絶対に1着は持っていなければならないアイテムです。カジュアルスタイルにおいて、手軽にエレガントさを高めてくれるアイテムともいえるでしょう。何を選び、どうやって着こなせば良いでしょうか？　ディテールや素材を紹介しつつ、TPPOに合わせた着こなし方法などをアドバイスします。

「ユニバーサルランゲージ」のネイビージャケット

肩周りはややカチッとめのスクエアショルダーで、モードなニュアンスを漂わせています。窮屈感のない着心地ながら、考え抜かれたパターンメイキングによってコンパクトなシルエット、軽い着心地が実現。スポーツテイストをミックスした素材で、通気性、シワの回復性、保温性などの機能性も◎！　僕が監修した別注モデル第３弾です（P.78）。

ネイビージャケット￥29,000／ユニバーサルランゲージ

1 ネイビージャケットを持っておくべき理由

世の中には無地から柄物までいろいろなジャケットがあります。無地の定番カラーといえば黒が一般的ですが、なぜネイビージャケットが必要不可欠なのでしょう。ひとつにはネイビージャケットは着こなしを若々しく見せてくれ、それが好感度に繋がるからです。ほかの色に比べて王道のイメージを作ることもできます。

また、洋服の先進国であるイギリスやイタリア、アメリカなどでは、ネイビージャケットは洋服の基本として認識されています。まさに世界レベルで大人カジュアルの基本中の「き」であり、エレガンスを印象づけられるアイテムといえます。そして、着こなしを選ばない有能なオールラウンダーでもあり、1着あると装いの幅が広がるものなのです。

2 選ぶべきネイビージャケットの条件

まず、1着買うのであれば、ボタンは生地と同色のものがおすすめです。ウエストシェイプは自分の体型に合ったもの、生地はウールが基本でスーパー100～120's[1]ぐらいのものが良いでしょう。耐久性や価格の面でもこれくらいがベスト。また最近の日本は気温が高くなっているので、3シーズン着られるぐらいのものがおすすめです。

ジャケットは着たときに背中のライン、肩のラインが富士山のようになだらかに見えるものが良いでしょう。その部分を「襟ののぼり」といいます。肩パッドが入ったものも悪くはありませんが、僕はなるべく自然に見える肩のラインが好みです。いわゆるナチュラルショルダーといわれるもの。そういった1着で自分の基準を作るのです。

失敗例でいうと、サイズ感が小さい、着丈が短すぎるものもダメです。シャツと同じで、ステッチが赤い、白いなどもダメ。変にデザインされたものはおすすめしません。なるべくノーマルなものを選びましょう。またスーツ生地のジャケットをジーンズに合わせると、スーツの上着だけを着ているように見えがちなので注意も必要です。一番NGなのは安っぽい素材のネイビージャケットを着ること。制服などにありがちな素材というか、ポリエス

✓ HOSHIBA'S HINT

1 **スーパー100～120'sとは？**

原毛の太さを示す表記。100'sの場合、原毛の太さは18・5ミクロン、120'sは17・5ミクロン。スーパー180'sなど数字が大きくなるほど太さは細い。その分、柔らかくしなやかで、艶のある生地となる。

02

NAVY JACKET

テルやナイロンなど化繊が多く使われているものは、大人に相応しくないチープ感が出るので避けましょう。

僕は、個性的すぎるファッションは好みません。ネイビージャケットに関しても同じで、いたって中庸なものが良いと思っています。上質でベーシックなネイビージャケットは、着る人の個性を内から引き出す効用もあるのです。

具体的にカジュアルにおいてどんなネイビージャケットを選ぶべきか？　まずはディテールから説明していきます。シングルブレストで段返り[1]3つボタンを基準に、腰はパッチポケット[2]、胸はバルカポケット[3]、後ろはサイドベンツ（ジャケットの両脇に切り込みの入ったデザイン）がベストです。ゴージは高すぎず低すぎず、ラペルの幅も細すぎず太すぎず中庸で（P.77参照）。ボタンは練りボタンのものを。

個人的には薄手のカシミヤなど上質な素材のネイビージャケットが好きです。グレーパンツでも、チノパンツでも、ジ

✓ HOSHIBA'S HINT

1 **段返りとは？**

ジャケットの下襟が第一ボタンの下あたりまで折り返されているもの。3つボタンが多く、第一ボタンは飾りのようなもの。基本的に真ん中のボタンしか留めず、中ひとつ留めで着こなす。

✓ HOSHIBA'S HINT

2 **パッチポケットとは？**

ジャケットなどの胸や腰ポケットで、前身頃に切りポケット仕様ではなく縫い合わされ形成されるもの。そのため一般にアウトポケットと言われる。ドレスよりカジュアル用に多く用いられる。

✓ HOSHIBA'S HINT

3 **バルカポケットとは？**

胸ポケットの下側が船底のように柔らかくカーブしたもの。イタリア的なこだわりディテールで、胸板の厚みが作る曲線を美しく、立体的に見せてくれる。

ラペルとは？

ジャケットの襟のこと。ゴージラインで上襟と縫い合わさる。時代やスタイルで幅が変化し、形も数種類あるがノッチドラペルが基本。

「ブルネロ クチネリ」のネイビージャケット

チェスターコートやニットなども着ていて大好きなブランドです。最近、ソロメオ村にある本社に行き、そのものづくりの姿勢にあらためて感心しました。ネイビージャケットも秀逸です。

ジャケット／干場私物

ゴージラインとは？

上襟と下襟の間の縫い目のこと。襟縫い線とも呼ばれる。時代やスタイルで高くなったり低くなったりその位置は変化。現在は高め。

「和光」のネイビージャケット

WAKO Classics Designed by Yoshimasa Hoshibaという、僕が監修した薄手のカシミヤ素材で1枚仕立てのジャケット。老舗の和光さんと僕が組んで作ったもの。ちょっとモダンな作りで、なんとトリプルベンツなんです。

ジャケット／干場私物

ーンズでも何にでも合うからです。通年着ることを考えると、薄手のカシミヤのジャケットは非常に重宝します。同じカシミヤ素材で2着ぐらい持っているのが一番理想です。または薄手のカシミヤのものを1着、サマーウールでなくとも、とても目が細かいスーパー180'sウールの1着といった組み合わせでもいいでしょう。

ブランドでいえばエルメネジルド ゼニア、キートン、ブルネロ クチネリ、ロロ・ピアーナ、リベラーノ・リベラーノ、アットリーニ、サルトリオ、ラルディーニ、タリアトーレ、ユニバーサルランゲージなど、ネイビージャケットでも良いものがたくさんあります。

ブランドの既製服を買って、さらに自分に合うようにお直しするのもいいと思います。お金のある方はきちんと仕立てるのがおすすめですが……。白シャツ（P.50）と同じで1着オーダーをして、基準値を作るのもいいでしょう。基本は白シャツと同じで、素材、形（デザイン）、サイズ、ディテールの4つが重要です。最初の素材はウールにして、そこから自分が着たい素材を模索するといいでしょう。ウールにシルクを混ぜて光沢感を持たせたり、カシミヤを入れて柔らかくして素材感を立たせたりするなどです。形やディテールについては、先ほど選び方の部分で触れたことと同様です。サイズに関しては自分の身体に合う、ジャストサイズであることが何より大切です。

「エルメネジルド ゼニア」の ネイビージャケット

素材はハイパフォーマンス。厳選された豪州産メリノウールで紡績された糸に、S撚りとZ撚りの特殊な撚り方を施し、平織りに織り上げられています。外側と内側に10個ものポケットつきなのも特筆すべき部分です。

ジャケット／干場私物

「フェイ」の ネイビージャケット

ビスコース69％、ポリアミド25％、エラスティック6％を使用したニットジャージの「トラベルジャケット」。シワになりにくく、着心地抜群。その名の通り、出張時には欠かせないジャケットで、グレーパンツからジーンズ、ショートパンツまで、何でも似合う万能選手です。

ジャケット／干場私物

3 ネイビージャケットの発展形と注意点

ネイビージャケットを1着手に入れたら、次にダブルブレストやシルバーボタン、金ボタンのブレザーなども選択肢に加えていくといいでしょう。シルバーのボタンにするなら、腕時計などのアクセサリーをステンレスやホワイトゴールドにし、統一した方が似合います。ボタンは金色なのに腕時計はシルバーなど、色の違う金属が混在するのは美しくありません。ブレザーはカジュアルでも上品に着ることができますが、金具の使い方を間違えるとトゥーマッチになります。腕時計、ブレスレット、ベルトの金具、靴の金具、眼鏡のフレームなども、色を合わせるといいでしょう。「コーディネート」という言葉は、統一感という意味合いで使われます。これを間違えると、例えば調和の取れた美味しいおでんの中に、いきなりまったく違う突飛なタネが入っているようなもの。金属を使えば使うほど、人間の網膜は光に反応するので、人目を集めます。両手にジャラジャラ金属をつけていると、どこを見れば良いのかわからなくなります。本当に見るべき部分が中身であることを知っていれば、自ずと金属は控えるべきなのです。

4 パンツや色でコーディネートに変化をつける

ネイビージャケットスタイルの中で最もベーシックといえるのが、無地シャツとの組み合わせです。インナーが白いシャツだとしましょう。そこで印象はほぼ決まります。正統派で品行方正なイメージです。ひとつ間違えると淡泊な印象に見えますが、グレーのパンツをはくか、ジーンズをはくか、白いパンツをはくかで、だいぶ印象は変わり、バリエーションがつきます。季節感はパンツで出すといいでしょう。夏なら白いパンツを合わせるという具合です。例えば、船旅に行くとき、ネイビージャケットに合わせる色使いは白とブルーです。海や空など、自然の景色に映えるような格好をしていたら、船の上でも素敵に見えるはずです。また、モナコのヨットハーバーのような場所なら、白と赤とネイビーのトリコロールカラーがその世界観に合うでしょう。ヨーロッパリゾートのときは、なるべく行き先の風景に溶け込む色使いをすることが、素敵に見せるコツなのです。自然や風景の色に溶け込むことが、自らも含めて絵になるということなので。

5 TPPOを考えてコーディネートする

ネイビージャケットを着こなすには、TPPO、つまり「いつ」、「どこに」、「誰と」、「何のために」を考えることが大切です。相手が妻や家族、彼女なのか、それとも会社の上司やクライアントなのか、そういうことが非常に大切なのです。ですから、ネイビージャケットでお洒落をする前に、TPPOという基本的なことを知らないのは絶対にダメということ。それを知らずに、お洒落なんて言っている場合ではないのです。

例えば、休日にイタリアンレストランに行くとします。レストランに行くということは必ずジャケットは着用です。ネイビージャケットなら申し分なく、誰からも文句を言われません。大事なお客様と会うならネクタイをします。逆に妻や彼女など距離の近い人となら、ネクタイは緊張感を与えるので、しなくてもいいでしょう。ご飯に行きましょうと言って、当日にネクタイ姿で待ち合わせ場所に来られたら、女性は少しびっくりすることもあると思うのです。ネクタイといえば、こんな話があります。本の冒頭でもお話しした、イタリア人のフランコ・ミヌッチさんの話です。タイ・ユア・タイというショップのオーナーだった方で、シックなお洒落がとても素敵な紳士です。派手派手しい印象は全くなく、とにかく上品な方です。彼に教えてもらったことがあります。イタリア出張に行った時、美味しいお店に連れて行ってもらいました。彼はネイビージャケットを着てネクタイをしていましたが、なぜかポケットチーフをしていなかったのです。それにはこんな理由がありました。ご飯を食べ、スプマンテというイタリアの発泡性ワインを飲む段になると、適当に「もういいか」といっていきなりネクタイをはずし、シャツの胸ボタンを2つ開けて、そのネクタイをジャケットの胸ポケットにささっと畳んで入れたのです。「なんで急にネクタイをはずしたんですか？」と聞いたら、「ネクタイをしていたら人を緊張させてしまうでしょう。自分もリラックスできないし、見ている人もリラックスできない。だからレストランに行ったとき、私はネクタイをなるべく失礼のない程度にはずすんです」と。理由がある、その素敵な仕草やスタイルを見て、それ以来、真似をするようになりました。だから僕は休日にレストランに行く場合、ネイビージャケットにネクタイをしていたとしても、タイミングを見計らってはずすのです。

レストランのグレードにもよりますが、本当に高級なところだったら、いくらネイビージャケットを着ていてもジーンズはNGです。ある海外の船上レストランで、18時以降に

02

NAVY JACKET

ジャケット&ジーンズ姿で行ったことがありました。僕の中では、ドレスコードの「エレガントカジュアル」を守ったつもりのスタイルでしたが、それでも「お客様、18時以降はジーンズは着替えてきて頂けますでしょうか」といわれたことがあります。もともと、ジーンズは労働着。僕はその船旅で「18時以降にレストランに行く場合、ネイビージャケットを着ていても、ジーンズはダメなんだ」と学んだのです。それ以来グレードの高いレストランでは、グレーのパンツを合わせるようにしています。

気のおけない人と会うときには、シャツ1枚のスタイルで行っても、ネイビージャケットは一応手に持っていく。それが大人のカジュアルスタイルには大事なことだと思うのです。着なくてもいいから、必ず持っている。着るシーンがあるかもしれないからということを、想定しておくことが大切なのです。

とにかくカジュアルスタイルでも、ネイビージャケットはマストハブ。絶対持っていなくてはならないアイテムなのです。どんなスタイルでも適応し、汎用性が高い上に、エレガントなカジュアルスタイルに見せてくれるからです。グローバルスタンダードの視点から考えても、ネイビージャケットの必要性はとても高いもの。世界のどこに行っても通用し、恥をかくこともありません。

BRAND & SHOP LIST.

ブルネロ クチネリ

1978年、イタリアにてブルネロ・クチネリ氏が創業。現在はイタリアのウンブリアのソロメオ村に本社がある。"スポーツシックラグジュアリー"がブランドのコンセプトで、イタリア製にこだわった品質の良い製品を送り出している。カラーカシミヤニットが有名。

●ブルネロクチネリ銀座店　東京都中央区銀座6-7-12
☎03-5537-7080　10：30～20：00　無休

和光

1881年12月、服部金太郎が「服部時計店」（現：セイコーホールディングス）として創業。1947年4月に小売部門が独立し、現在に至る。和光本館は銀座4丁目の交差点、銀座のランドマークとして知られる。時計をはじめ宝飾品、紳士・婦人用品、室内装飾品などを扱う名店。

●和光　東京都中央区銀座4-5-11
☎03-3562-2111（代表）　10：30～19：00　無休（年末年始を除く）

エルメネジルド ゼニア

1910年にビエラ・アルプスの小さな町、トリヴェロでエルメネジルド・ゼニアによって創立。イタリアを代表する世界的ファッションブランドで、服地やメンズウェア関連をトータルに展開。その圧倒的な高品質と作りの良さで、世界各国のエグゼクティブなどに愛用されている。

●エルメネジルドゼニア銀座グローバルストア　東京都中央区銀座2-6-16 ゼニア銀座ビル
☎03-5524-1910　11：00～20：00　無休

ユニバーサルランゲージ

「世界共通語」という店名で世代や国境、人種、性別といった垣根を越えた、世界に通用するファッションを提供。セレクトに加え、デザインはもちろん、素材や縫製にこだわったオリジナルアイテムや、海外のセレクトショップやデザイナーとのコラボアイテムも展開している。

●UNIVERSAL LANGUAGE渋谷店　東京都渋谷区渋谷1-23-16 cocoti5F
☎03-3406-1515　11：30～21：00　無休（年末年始を除く）

フェイ

1980年代に創立したトッズグループに属しているイタリアのラグジュアリーカジュアルブランド。イタリアのファッションを愛する40代を中心とした都会で活躍する男女をターゲットにしておりアーバンな要素が強い。そのデザインは普遍的かつラグジュアリー。

●サン・フレール　☎03-3265-0251　http://www.fay.com

03

ジーンズ

ITEM. **JEANS**

カジュアルパンツの権化、ジーンズは品良く着こなす

RULES.

老若男女、世界中で愛用されるジーンズですが、その気軽さから“とりあえずビール”ではありませんが、とりあえずジーンズをはいておけばいいや、という感覚についなりがちです。ですが、そこにある意味、落とし穴があります。気軽にはけるジーンズだからこそ、大人はしっかりと選び、自分のものにして着こなすことが重要なのです。

HOSHIBA'S
TEPPAN CHOICE

HOSHIBA'S EYE

BRUNELLO CUCINELLI

「ブルネロ クチネリ」のジーンズ

1978年、イタリアのソロメオ村で創業したブルネロ クチネリ。カシミヤを中心とするニットアイテムが有名ですが、ほかのアイテムも人気が高い。このデニムは後染めではなく伝統的な染めのプロセスにより作られたもの。ヒップラインが美しく、裾に向かって細くなる美しいシルエットが特徴です。僕のものは、裾幅16cmにカスタマイズしています。

ジーンズ／ともに干場私物

1 まずはジーンズの歴史を知る

ジーンズの歴史は1870年頃。アメリカ中西部などにトレジャーハンターのごとく金を求めて集まってくる人々、つまりゴールドラッシュに沸く時代に、金を掘る鉱夫が作業着としてはいたパンツが始まりです。それはキャンバス生地に銅リベット[1]でポケットの両端を補強した、仕事用のパンツでした。1873年に特許申請が受理され、リベット補強済みパンツはリーバイ・ストラウス社製の製品として製造販売されました。このパンツがジーンズの原型です。最初は茶色でしたが、ガラガラヘビ対策として、今に続くインディゴブルーになりました。もともとは作業着であり、それが一般に普及し、カジュアルなファションアイテムになっていったのです。

ジーンズが生み出された当時は、ベルトループはなく、サスペンダーで吊っていました。やがて、ベルトループがつくタイプが生まれ、サスペンダーもなくなり、ベルトをするようになりました。現代は、ベルトをしないではく人もいるぐらいで、それほどフィットしたジーンズが手に入るようになってきたのです。このジーンズこそ、アメリカが生んだ偉大な発明のひとつだと僕は思っています。リーバイスをはじめ、リーやラングラーという3大ジーンズブランドの名も、覚えておいて損はないでしょう。現在ではさまざまなメーカーやブランドから、多岐に渡るジーンズが発売されています。ただ、〝ワークパンツが出自〟という宿命を持つので、格式ある高級レストランなどでは、ジーンズはどんなにハイブランドのものでもNG、ということを覚えておいて下さい。

ジーンズには奥深い歴史があります。1940年前半のリーバイスの第2次大戦モデルは、戦時下での物資調達の関係上、必要でない部分が簡素化されたものが発売されたりしていました。そんな歴史を探っていってハマってしまう大人の男性も多いのです。

ジーンズをカッコよくはくのであれば、まずはリーバイスから入ってみるのがおすすめ。ジーンズの原点であり、基本形を知ることができるからです。何事も基本を知らなければ、さらなる上を目指すことはできません。僕も多くを学んだのは、永遠普遍の定番リーバイス501でした。温故知新。知ることは、大人の嗜みであり、深みになるのです。

✓ HOSHIBA'S HINT

1 リベットとは？
ジーンズではコインポケットなどに打たれる強く補強する金属の鋲。頭部とねじ部のない胴部からなり、穴をあけた部材に差し込む専用の工具をあて、反対側の先端部を変形させてとめる。

2 どんなジーンズを選ぶべきか？

大人のカジュアルスタイルにおいて、ブルージーンズの基本の濃さは濃度70％のウォッシュ。本当はノンウォッシュの状態から自分の身体に馴染ませていくのが、デニム本来のはき方です。僕が学生の頃には、もう技術が進化し、加工製品はある程度出ていました。それまでは最初から美しい色落ちのジーンズはなく、ストレッチが入っているはきやすいジーンズなんかも存在しませんでした。僕は昔、リーバイス501のノンウォッシュのリジッドジーンズを買って、いろんなことを試しました。自分の身体に馴染ませるためにとても時間をかけたものです。当時のノンウォッシュジーンズは洗っていない上に糊がついていて、バリバリして固かったんです。その糊を、まず洗濯機で落とすところから始めると、色が半端なく出ました。おまけに2～3㎝ぐらい軽く縮んでしまう。1回洗ってから自分の体型に合わせ、それから再びお店に持っていって、裾を切るという2度手間の作業でした。今は買ったその場で裾をカットもできますが……。本来は面倒だけれど、手のかかるはき方が良いとは思うのですが、僕は今、時間がないのでそれはやりません。僕が掲げる〝時短〟ということを考えると、やはり今は、始めからカッコいい色落ちのものを選んではく方が圧倒的に楽なのです。

そして、ジーンズこそデザインされていないものが好きです。普通にコインポケットのついた5ポケットで、裾を折り返すとセルビッチ[1]という生地の耳が出てくるものがベスト。カンヌキどめ[2]やリベット（P.89）もしかり。ジーンズならではのディテールがあるものが、一番好きなのです。逆にリーバイスのオリジン的なジーンズから逸脱しているものは、あまり好きではありません。急にスカルの刺繍がついていたり、スタッズがやたら打ってあったり、ボロボロで穴が開いているものなども問題外です。ヴィンテージや古着は嫌いではありません。なぜならリーバイスの原型から派生したものだから。ただ古着が難しいのは、股上がとても深かったり、シルエットが合わず、今のスタイルに見えにくいことです。シャツもジャケットもジーンズも、自分の体型に合っているというのが、僕のひとつの判断基準。女性がはくようなスキニーすぎるジーンズをおじさんがピチピチではいていたら正直気持ち悪いですよね。ものすごく細いものも、逆にダボダボの

✓ HOSHIBA'S HINT

1 **セルビッチとは？**
昔の旧式織機を使って織られたデニム生地の両端にある「耳」と呼ばれる部分を指す。ジーンズを裏にするとわかる白と赤の部分で、セルビッチデニムを使用したジーンズを洗うと、サイドに特有のアタリが出る。

✓ HOSHIBA'S HINT

2 **カンヌキどめとは？**
ファスナーやポケットなど、縫い目がほどけやすい箇所を、ほつれないように補強するためのとめ縫いのこと。ジーンズでは、バックポケットやベルトループなどに使われている。

ジーンズも個人的にはナシです。基本的に、今の自分の体型に合うようなジーンズを探します。スーパースキニーやワイドパンツなど、いろいろな形のジーンズがありますが、僕が好きなのは自分の脚に合ったテーパードスリムのシルエット。段々と裾に向かって細くなっていくものです。

購入するお店は、ジーンズショップでもブランドショップでもどこでも良いと思います。リーバイスならリーバイス511というモデルがあります。今風のヴィンテージっぽい色落ちがしてあり、脚の形もキレイに見えるテーパードのスリムシルエットという意味で、おすすめです。価格も7000円台からとリーズナブル。ブランドものの中には、世界的に有名な岡山産のデニム地を使っているものも見受けられます。ジーンズの進化の中で、究極のデニム地を探し求めたら、メイド・イン・ジャパンのクオリティに辿り着いたということでしょう。岡山県の倉敷市の児島という地域はジーンズの聖地ともいわれていて、世界各国のジーニストたちが訪れています。ジーンズ・ストリートがあるので、お好きな方は訪れてみるといいでしょう。

3 ジーンズの足元はＴＰＯではき分ける

初夏の季節、昼間のカジュアルなレストランや、海辺のお店でのランチなら、ネイビージャケットに白いＴシャツ、ブルージーンズ、足元は白いスニーカーなどのコーディネートが考えられます。ヌケ感のある海辺には、重厚なブーツははいて行きません。常に、どこに行くのか、誰と会うのかというＴＰＯを、ジーンズをはくときにも考えたいものです。自分が好きなものでコーディネートするだけではなく、場所や人との調和を考えるという目線がとても大切なのです。ジーンズは万能選手ということもあり、気を許していると、そういった大事なところが抜け落ちていることがよくあります。いくらヒョウ柄が好きでも、海辺のレストランでそれでは、着こなしのハズしではなく〝ハズレ〟になってしまいます。カジュアルの権化であるジーンズにこそＴＰＯは必要であり、「カジュアル＝格式ばらない、気軽な服装のさま」という意味通りに捉えると、成功のスタイルからは遠くなります。スポーツでもそうですが、万能選手＝オールラウンドプレーヤーは、自分を律するからこそ、結果を出せると思うのです。

4 ジーンズならではの味を活かす！

最後に、ジーンズが持つ一番の魅力をお伝えしましょう。それは経年変化、味です。エイジングによるアタリ（色落ち）の味は、ジーンズ特有の魅力であり、長年楽しむことができます。レザーウェアはともかく、布地で〝味〟が出てくるものはそうそうありません。着古して、へたっていくのとは違います。その人のライフスタイルで変わりますが、例えば毎日仕事ではいている人は裾が擦れて白っぽくなり、それがその人がはいたときのジーンズのカッコよさに繋がっていくのです。ポケットも同様に、右側にしか手を入れなかったら、右側だけ色落ちが増していきます。その点が非常に面白い部分であり、その人ならではのはき方が体現されていくのです。ジーンズは、その人そのものが表れるアイテムといっていいでしょう。言い換えれば、ジーンズは人格を持つ服ともいえます。気軽なアイテムの筆頭と捉えられることが多いかと思いますが、実は自分が晒されるわけです。だからこそ、とりあえずジーンズをはいておけばいい、という考えはあらためたいもの。

また、ジーンズをはきこなすには、体型をカッコよく保つのも大切です。僕が一番セクシーだと思う男性のスタイルは、下半身はジーンズ姿で、上半身は適度に引き締まった裸というスタイルです。これが不思議なのですが、非常にカッコよく見えるんですよね。まさにその人そのものが表れるといいますか。カジュアルでカッコいいというのは、究極を言えば中身がカッコいいということ。だから、なるべくならジーンズは身体を鍛えてはいて欲しいのです。映画『アメリカン・ジゴロ』の中で見せるリチャード・ギアや『トップガン』の中で見せるトム・クルーズのように。白いTシャツにブルージーンズというスタイルでカッコいい男は、何を着たって似合うのですから。体型とは別ですが、その意味では、巻頭（P.22）でもお話ししたフィアットの元名誉会長の故ジャンニ・アニエッリのジーンズ姿はとても素敵でした。そのジーンズ姿に、男の生き様さえも出ているからです。同様に、戦後の日本を支えた白洲次郎の白Tシャツ＆ジーンズ姿も中身が表れています。デヴィッド・ベッカムやヨハネス・ヒューブルなども、ジーンズをとても上手にはきこなしているので、お手本にしてみるといいでしょう。

04 & 05

ニット&ストール

ITEM. # KNIT & STOLE

ニットと巻きものは気持ちの良い素材を選ぶ

RULES.

ニットや巻きものは、肌触りや着心地が重要な要素になります。チクチクするものを選ぶと、コーディネートうんぬんの前にそのストレスが人に伝わってしまい、良い表情を生みません。何はともあれ、とにかく気持ち良い素材のものを選ぶことが最優先事項。素材、形、色、サイジングなど、選ぶべきものをご説明していきます。

HOSHIBA'S EYE

「クルチアーニ」のニット

1966年にイタリアのペルージャで創業し、モダンで洗練されたニットを生み出すのがクルチアーニ。紡績、染色、縫製のすべてを自社内で行い、新素材の開発に非常に積極的に取り組んでいます。これはシルク30%、カシミヤ70%の素材のもので最高級の肌触りが堪能でき、身体にフィットするシルエットと相まって最高の着心地を感じさせてくれます（P.99)。

クルーネックニット、タートルニット／すべて干場私物

「ブルネロ クチネリ」のストール

ベージュとライトグレーという、ブルネロ クチネリらしいなんとも優しい色調が特徴のリブ編みのストール。メイド・イン・イタリーを信条としたもの作りは品質が高く、柔らかさや着心地、デザインに至るまで高い評価を世界中で獲得しています。このストールも最高級のカシミヤ素材で、首元の肌触りや温かさは絶品です！　スタイルを選ばず使えるのが魅力（P.102)。

ストール／干場私物

1 ニット選びも素材が一番大切

男性のカジュアルスタイルでのニットも、やはり素材が一番大切です。僕はかなりの敏感肌なので、チクチクするものはダメなんです。昔は、太くて荒い毛糸のシェットランドウールのニットやラムズウールのニットなどもいろいろ着ましたが、肌触りの面で納得のいくものではありませんでした。やはり着心地が良いものを手に取ってしまうのです。

ニットにはゲージと呼ばれる編み目の細かさを指す単位があります。糸が細いものをハイゲージ、太いものをローゲージ、その中間のものをミドルゲージといいます。いろいろ試して着てきましたが、結局、今、自分が持っているニットを見てみると、薄手のハイゲージのものがほとんどです。なかでもカシミヤ素材がとても好きで、何枚もカシミヤニットを持っています。年間を通して着ることを考えると、シルクが30%入っているシルクカシミヤといわれているものが、僕の中では着る頻度の高いものです。例えば、Tシャツの上に着ることも、白いシャツの上に着ることも、ジャケットの中に着ることもでき、とても便利です。肌触りが良いので、素肌の上に1枚で着ることもできます。

僕は、クルチアーニというブランドのシルクカシミヤ素材のニット（P.97）を何枚か揃えています。とても品質が良いので、チクチクして痒くなったりするなど、ストレスを感じることは全くありません。ストレスを感じた時点で、人間の行動というのはすごく制御されてしまうので、人にも伝わってしまう。自分が心地良いと感じることが、人にも心地良さを感じさせるのです。また、シルクカシミヤ素材のニットで、薄手のハイゲージのものなら春先はもちろん、夏の涼しいときにTシャツに肩がけする、腰に巻くなど、いろいろな使い方ができるのも魅力。シーズンレスで使えるアイテムを増やすことも、カジュアルスタイルを上達させるひとつのファクターかもしれません。

シルクカシミヤではなくウール素材でも、パフォーマンスがいいものもあります。例えばロロ・ピアーナのザ・ギフト・オブ・キングスというニットは、ウールでも最上級のもので、カシミヤを上回る手触りを味わえます。エルメネジルド ゼニアにもウール素材で、ものすごくしなやかな手触りのものがありますので、選択肢に入れていいと思います。とにかく無駄な買い物をして欲しくないというのが、僕から読者の方々へのメッセージです。長く愛用できるベーシックカラーで、シルクカシミヤのハイゲージのニットは、間違いなく長く使えるアイテム。それを揃えてから、流行のニットに手を出せば良いのです。

2 揃えておくべきニットの色と形、そしてサイジング

まず揃えておくべき色は、ネイビー、グレー、黒。この3色が最初に手に入れたい一番ベーシックな色です。

次に、形に関しては丸首のクルーネック、Vネック、タートルネック、あとはVネックカーディガン。この3色4タイプ、計12個のうちいずれかを基本として揃えておくと良いでしょう。どれも汎用性が高く、使いやすいはずです。

サイジングに関しては、もちろん自分の身体にフィットしている物を選ぶこと。ブカブカすぎるものなどは避けましょう。やはり上にジャケットを着ることを考えると、フィットしていないと、ジャケットの中でニットが泳いでしまったりします。ピタピタすぎるものもおすすめできません。〝モジモジくん〟みたいに見えてしまうからです。今、流行っているビッグサイズで着るなどの選択肢もありますが、それはいずれ廃れてしまうものなので、得策とはいえません。ずっと長く愛用するということを考えると、やはり自分を一番美しく見せてくれるサイジングであることが大切です。

意外と思われるかもしれませんが、ニットはサイズをお直しすることもできます。以前、東京の東中延にある「ニット青木☎03-3783-7918」というところをテレビ番組で取材しました。僕は前述の通り、ジーンズなどもお直しをしますが、ニットが直せるとは思っていませんでした。そこは、例えばリメイクなら、袖をもう少し短く詰めたいと言うと全部ほどいてサイズを修正し、元通り手作業で復元してくれます。もちろんその他、丈詰めやサイズダウンなど、いろいろなお直しをやってくれます。アトリエに所有する2000種類ほどの色糸からピッタリのものを探して作業してくれるので、その仕上がりは新品同然の美しさ。業界初のリブの編み止め技術なども持っているので、あきらめていた服でもお直しをやってくれます。リメイクは、常に時代の先端デザインを学んでいるデザイナーが担当してくれるので、自分好みの1着が作れます。

エルメス、シャネル、グッチなど世界有数のブランドから依頼されるというほど、とにかく技術力がすごいのです。ニットのリメイクを専門に手掛けて20年、という高度な技術を持つプロ集団ですので、例えば穴が開いても、すべて直せてしまうというのも特筆すべき部分かもしれません。もしニットでお困りのことがあったら、持っていくといいでしょう。日本の技術力の高さを、体感できるはずです。

3 巻きものも素材がすべて

巻きものも、とにかく素材に尽きます。首に直接触れるものですから、肌触りがチクチクしたり、固くてザラザラしているなどはやはり問題外。上質な素材で軽く、暖かく、柔らかいものが基本です。僕が巻きもので買うものは、ロロ・ピアーナのカシミヤやベビーカシミヤ、最上質で稀少なビキューナ素材のもの、ブルネロクチネリ（P.97）のものなど……。ランクは上から順にビキューナ、ベビーカシミヤ、カシミヤの順です。もちろん金額も上から高くなります。普通のカシミヤで8万円ぐらい、ベビーカシミヤで15万円くらい。ビキューナになると80万円ぐらいですが、その代わり肌触りの良さは半端ではありません。

長さはどのぐらいのものを選べばいいかというと、マフラーならジャケットの長さやコートの長さとのバランスに合わせて選ぶといいでしょう。僕の場合は、身長が１７７cmなので、マフラーは全長１８０cmぐらいのものにしています。だいたい自分の身長ぐらいの長さが目安かもしれません。ジャケットなら2巻き、コートなら巻かずに首にかけて垂らして、バランス良く見えるものを選ぶといいでしょう。

4 自分の中身を引き出す基本4色とは？

巻きものも基本は無地。色はネイビー、黒、グレー、キャメルの4色のうちどれかがあれば使い回しが効いて便利でしょう。キャメルは顔回りを明るく見せてくれます。ネイビーやグレーは落ち着いた印象に。黒は自分を前に出さないという意味で、ストイックさを持つ映画『007』の着こなしに通じる雰囲気を出せます。巻き方は、ロングコートなら襟を立てて、そこにマフラーやストールを首にかけるだけでスタイルが成立します。その際は、コートの長さと巻きものの長さのバランスが重要です。また襟を立てたところにマフラーを半分に折り、輪っかの部分に反対側を通す巻き方もあります。これはとても簡単な方法で、誰にでもすぐにできます。ポイントはまさにそこにあり、女性が寒がっていたら、「良かったらどうぞ」とすぐに渡すこともできます。巻きものの扱いでは、こういったレディファーストなイタリア人的発想をマネしたいもの。さらに、お気に入りの香りを巻きものにワンプッシュしておくのもテクニックのひとつ。自分が着こなす際はもちろんですが、女性に渡したときに、男の色気を印象づけられます。

KNIT & STOLE

ニットにも巻きものにも共通しますが、大人の男性ということを考えると、やはり流行に走るよりも、上質な素材の定番ものの方がしっくりくるのです。大人になればなるほど、流行に対して、適度な距離感を保っておく必要があるでしょう。そうしないと自分のスタイルを見失ってブレてしまうのです。

こんなフレーズがあります。派手な服を着ているのに地味に見える人。派手な服を着て派手に見える人。地味な服を着て地味に見える人。地味な服を着ているのに派手に見える人。この中で僕が目指したいのは、地味な服を着ているのに、派手に見える人です。要は普通の洋服を着こなしているのにもかかわらず、素敵に見える人ということ。

この本を通して書いていることは、上っ面だけではダメ、ということです。中身のカッコよさが滲み出てくるようにならないといけないということなのです。当然、装いを素敵に見せる組み合わせができることもその人の知性。洋服のことを知らなければ、素敵に組み合わせることはできないからです。中身もすべて、外見に出てきてしまうものなのです。

5 年を重ねたらキレイな色を加えて、色気を出す

人間は年齢を重ねるほど、知性や経験値とは反比例し、シミ、シワ、クスミ、タルミ、白髪、体重増加、体臭など、どうしても醜くなっていきます。では、どうすれば解決策になるかというと、〝装いに色を取り入れる〟というのが効果的な方法です。おじさんになればなるほど、キレイな色をどこかに使うというのは、ひとつのテクニック。言うなれば、醜くなる反動でしょうか……。定番色はおさえつつ、色を使ってみるのです。イタリアのおじさんたちは、ネイビーのコートにオレンジ色のマフラーをしていても派手には見えない人がいます。そういう意味でいくと、ニットや巻きものは、ベーシックなものを揃え終わったら、色味のあるものを買い足していくのもおすすめ。イタリアでは、キレイな色のものを着ているおじさんたちをよく見かけます。忘れてはいけないのは、何度も言うようですが、質が良いものを選ぶこと。オレンジ色でも質の悪いものは、逆に悪目立ちして見えます。だからこそ、なるべく良い素材のものをまとうことを心掛けて欲しいのです。

06

カジュアルシューズ

ITEM. CASUAL SHOES

カジュアルシューズは
4タイプ、3色があればいい

RULES.

カジュアルシューズは、はく目的によって性能が特化されるので、白シャツやネイビージャケットのようにどれか1着を選ぶということが困難です。TPPOにおける「Place」（場所）もとても多く、1足ですべてをまかなうことはなかなかできません。そこで街ではくということを前提に、最低限揃えておきたい4タイプを、厳選してご紹介します。

「トッズ」のドライビングシューズ

イタリアの名門、トッズ。現会長のディエゴ・デッラ・ヴァッレさんは、僕が尊敬する１人です。その靴は職人技を活かした最高級の品質で有名で、代表作といえばゴンミーニ。新作の「ダブルＴ」は１枚革の快適なモカシンで、靴底に100個以上のラバー・ペブルがつき、とても歩きやすく快適。僕は夏場に素足でよくはきます。船旅にも必ず持参します。

シューズ「シティ ゴンミーニ ダブルＴ」¥73,000／トッズ・ジャパン

1 靴の出自と足元の重要性

洋服もそうですが、現代の靴は、そのほとんどが西洋のものに起源があります。ストレートチップやスリップオン、ブーツなどはもちろん、スニーカーなどカジュアルシューズに至るまで基本は西洋の靴です。日本は靴を脱ぐ文化を持ちますが、欧米では靴を脱がずに家に上がる文化圏も多く、それは着用時間の長さにも繋がり、奥深い靴の世界が発展してきたのです。

日本人が洋服を着るようになり久しいですが、その足元も和装ではく草履、雪駄、下駄から、靴へと変化してきました。世界各国共通で認識されていますが、足元は、はく人の裕福さや権力、地位の象徴とされることが多いものです。日本語でも「足元を見る」ともいいますし、ファッションの世界では「お洒落は足元から」などとよくいいます。どんなに素敵な格好をしていても、靴がボロボロだったらすべて台無しというわけです。高級な靴をはくことも大切ですが、服にマッチした、そしてTPOをしっかりわきまえた足元を知ることも重要です。

2 揃えておくべき靴4タイプと色を知る

ビジネスシーンではく靴は限られますが、カジュアルシーンだと海に行く人もいれば、ドライブをする人もいます。その人のライフスタイルによって幅がかなり広くなるので、靴を1足だけ限定するのは非常に難しいものです。靴は使用目的に応じ、ある程度機能が限定されてしまうもの。それゆえに、足を包むものとしての靴という大枠はありますが、すべてのシーンを1足でまかなうことはできないのです。

そこでカジュアルスタイルにおいて、最低限揃えたいものを選びました。街に似合うということを前提に絞り込んでいくと、スニーカー、ドライビングシューズ、ラバーソールの革靴、ブーツの4タイプがあるとベストでしょう。これで十分にバラエティに富んだ足元ができます。ブランドでいえば、スニーカーはパトリックや、パントフォラドーロ、アディダスなどはベーシックでいろいろなスタイルに合うのでおすすめです。ドライビングシューズなら（P.107）トッズがいいでしょう。ラバーソールの革靴はWH（P.115）。ブーツはレッド・ウィングのベックマン（P.117）などがおすすめです。

06

CASUAL SHOES

色に関していえば、突飛な色をはくとそこだけに目が行ってしまうので、基本は黒、茶、白で揃えましょう。黒は1色で完結しますが、茶は色が幅広く、ライトブラウンからミディアムブラウン、ダークブラウンまであるので、まずは自分のスタイルに合う茶の色味を絞り込むのがおすすめ。僕の場合は、合わせやすいダークブラウンを選ぶことが多いです。やはり、ダークな色の方が目立ちにくく使いやすいためです。黒のブーツも、同じものを茶でも持っています。黒、茶、茶のスウェードのように、同じデザインを色・素材違いで3足買うこともあります。そうすると着こなしがブレなくなるのです。ただこれはひとつの理想形。所有する数が増えますので、スニーカーは白か黒、ドライビングシューズやラバーソールの革靴、ブーツは黒か焦げ茶など、自分のスタイルとカラーを決めておくと楽なはずです。

デザインに関しては、エッグトゥやラウンドトゥといったトゥ（つま先）の丸みにこだわります。トゥのデザインも、時代によって流行があります。僕自身も、四角いスクエアトゥや尖っているポインテッドトゥなどといった、ちょっとデザインされたトゥのものや、ローングノーズといわれるような鼻先が長いタイプの靴もいろいろとはいてきました。でも200足近くはいてきて、現在手元に残っている靴は、どれもエッグトゥやラウンドトゥといった普通のデザインです。普通でベーシックだからこそ、飽きずに長く愛用でき、さまざまなスタイルに合わせることができるのです。ソールの薄い靴もあまり好きではありません。パンツは細身のものをはくことが多いので、言葉は悪いですが「マヌケの小足」に見せたくないということもあり、少し厚みのあるソールを選ぶことが多いです。僕がプロデュースしているWH（P.115）のものはソールが厚く、最適です。身長も高くなり、脚も長く見えるよう設計してあり、日本人のコンプレックスを解消したいがために作った靴です。女性にはハイヒールがあるのになぜ男性にはないのか、という発想がもととなりました。やはり足元は、少しボリュームを持たせた方がバランス良く見えると思うのです。裾にかけて細くなっていくジーンズをはいたとき、足元が小さいと、バランスが悪く見えて、カッコよくないんですよね。これは20年以上、ファッションの世界にいて辿り着いた自分なりの結論です。僕のバランスなので、他の人に当てはまるかどうかという点はありますが……。ただ、男性は手足が大きく見えた方が、カッコよく見えます。少しボリュームのある靴をはいていると、着こなしに安定感が生まれるのです。自分のバランスを見つけて、「お洒落は足元から」を実践して頂ければと思います。

3 自分のルールを決めることでブレがなくなる

スニーカーも基本、シンプルなものしかはきません。色は白か黒。そのブランドらしい一足というか、昔からあるベーシックなデザインが好きです。例えばアディダスでいえばスタンスミス、コンバースでいえばオールスターなどのベーシックなモデルで、しかも真っ白のもの。いってみれば、もののオリジンが好きなのかもしれません。目的に応じては、ハイテクスニーカーもはきます。短パンにTシャツみたいなラフなスタイルのときなどです。カジュアルだと制限がなくなり、合わせる靴の幅が広がりますが、やはりTPOを考えながらスタイルを作ることが重要です。ここ10年ぐらいは自分のスタイルが確立していますが、皆さんも自分のルールを決めておくと楽です。例えば靴は黒と茶しか買わないなど……。そうするとスタイルにブレがなくなります。基本のものが揃っていてこそ、初めて肉付けをしていくことができます。ここが肝心。まずはベーシックなものを揃え、そこから可能性を探るという作業が賢明です。いきなり赤の靴を買うと、どこに向かって着こなしの舵をとればいいかわからなくなってしまうものなのです。

4 タイプ別、はきこなしの要点

前述した通りカジュアルスタイルでの靴は、ＴＰＰＯのＰ、つまりPlace（場所）がとても多いので難しいのです。波乗り、テニス、バスケットボール、遊園地、釣り、ゴルフ、車、クルーズ、マラソン、サイクリングなどなど。活動の目的数が多いから、そのライフスタイルの数だけ靴が必要になるのです。僕はＴＰＰＯを優先して選んだ結果、靴をかなり処分しましたが、それでもまだ70〜80足ぐらいあります。ＴＰＰＯに合わせると何足かに絞るのは正直かなり難しいからです。できればＴＰＰＯすべてに合わせて靴を揃えるのが理想的なのですが現実的には難しい。ですが、この本はカジュアルの基本を提案するものですので、街ではくことを前提に、スニーカー、ドライビングシューズ、ラバーソールの革靴、ブーツという、4タイプに絞り込みました。夏場のサンダルや冬場のロングブーツなど、特殊な靴は今回はずしましたが、この4足を持っていれば、ある程度のカジュアルスタイルは網羅できるはずです。それではどのようにはきこなせばいいいか、次からは要点を説明していきましょう。

06

CASUAL SHOES

　僕の場合、スニーカーを選ぶときは、実際のサイズは９（約27㎝）なのですが、あえて10や10・５を選ぶようにしています。なぜなら、その方がバランス良く見えるからです。大きめを買って、紐をギュッと縛ってはいています。そうすると足が大きく見えるというか細く見えるのです。なるべく、着こなしがシュっと見えるようにという意図です。靴はピッタリはくのが一番いいという説もありますが、僕の場合、海外出張が多いので、飛行機の中での気圧の変化による膨張で足がパンパンに浮腫《むく》んで、痛むのが嫌なのです。ですので、なるべくちょっと大きめを買うようにしているのです。

　ドライビングシューズはトッズ（P.１０７）を長年愛用しています。パンツの丈を短めにはくと、足元の軽快さを加速させることができます。逆に長めの裾丈は脚を短く見せます。例えばジーンズをはくなら、軽くロールアップしてはいてみるといいでしょう。ソックスをはくと折角の軽快な魅力が半減しますので、できれば素足ではきたいものです。

　ラバーソールの革靴は、僕が作っているＷＨ（P.１１５）がおすすめです。少しボリュームを持たせたフォルムになっているので、細身のパンツに合わせるといいバランスに見えます。丈は長すぎると裾がもたついて見えるので、ジャストぐらいがいいでしょう。

HOSHIBA'S EYE

「WH」のシューズ

僕とシューズデザイナーの坪内浩氏が手を組み誕生したメイド・イン・ジャパンのシューズブランド。ブランド名は二人のイニシャルである「H」からです。英・米・仏・伊などさまざまな国の靴を見て「東京発の靴を世界へ」という想いのもと、世界各国の良い部分を踏襲して作っています（P.111）。

シューズ　各¥46、000／WH（オリエンタルシューズ）

HOSHIBA'S TEPPAN CHOICE **WH**

06

CASUAL SHOES

ブーツは、レッド・ウィングが丈夫でボリュームがあり、おすすめです。今までレッド・ウィングは16足ぐらいはいてきました。アイリッシュセッターという定番モデルに始まり、エンジニアブーツ、ペコスブーツ、足幅の狭いヴィンテージのものに至るまで。いろいろなタイプをはいてきましたが、大人になってはいているのは、P.117のベックマンとP.11ではいているアイアンレンジ。この2足は、大人のジーンズスタイルにとても良く似合います。ジーンズに合わせるなら、裾をひと折りするぐらいの裾の長さがベスト。ブーツはほかの靴と違い、高さがあって存在感がありますが、あえてそれを前面に出さず品良くはきたいものです。その他のレザーアイテム、ベルトやバッグの色と靴の色を揃えると上手くまとまります。ブーツの魅力は新品の状態より、長年はき込んだような味を出してこそ高まるので、そういった面も楽しみましょう。

その他の愛用している靴に関しては、次のページで紹介しているので参考にしてください。さまざまなシーンではくことを想定し、色や素材のバリエーションは持たせるようにしています。とはいえ、形は、基本的にラウンドトゥかエッグトゥ。自分なりのルールを設けておくことで、スタイルが安定するからです。英国では、茶色の靴はカントリーサイドで狩猟やリラックスしたときにはくものとされていますが、僕はそんなライフスタイル

HOSHIBA'S
TEPPAN CHOICE

Red Wing

「レッド・ウィング」のブーツ

大のお気に入りがレッド・ウィング創業者の名前を持つベックマン。ベースとなったのはただのワーク用ではなく「for General Wear」としてフォーマルな場での着用も視野に入れたもので、当時のドレスシューズとしてはかれていた6インチ丈ブーツ。いわばレッド・ウィングにとっての「クラシック・ドレス」的存在です（P.116）。

ブーツ各¥41,500／レッド・ウィング（レッド・ウィング・ジャパン）

4

5

を東京で送っているわけではないので、普通にはいてしまっています。

HOSHIBA'S PRIVATE SHOES

1

2

こんなカジュアルシューズを揃えています

その他、僕が実際にはいている靴をご紹介します。1 やや明るめのブラウンのストレートチップ（ブルネロ クチネリ）2 スウェードチャッカーブーツ（ブルネロ クチネリ）3 編み上げブーツ（レッド・ウィング）4 スウェードダブルモンクストラップ（WH）5 スウェードドライビングシューズ（トッズ）です。基本アイテムとして挙げているブルーデニムとは、どの靴も似合います。靴が持つ雰囲気に合わせて、例えばドライビングシューズなら、裾を軽く折り曲げて軽快に見せるといいでしょう。ネイビージャケット＋白シャツの組み合わせにも、ほとんどの靴が合います。靴の色に合わせて、バッグやサングラスなど小物の色も揃えると、コーディネートに統一感が生まれます。

3

5 靴は蒸れやすいので、足のにおいのケアを万全に

最近、夏はスリップオンを素足ではく人が多くなりました。かくいう僕も、高い確率で素足です。なぜならインソックスという、あの小さな靴下が好きではないからです。ローファーなどヒモがないタイプの靴はスリップオンと呼ばれるのですが、そこにインソックスを合わせると、靴から少し小さい靴下がちょっと見えてしまうのです。はいているので見えてしまうのは仕方ないことだと思うのですが、座敷に上がったときに何ともカッコよくないいんですよね。だからインソックスははかないいんです。ただ素足で靴をはけば、人間なのでどうしても臭くなるはずです。ではどうやって清潔を保っているのかというと、コンビニで売っているオレンジやレモンのにおいがする使い捨てのボディシート（P.33）を必ずバッグに入れて持ち歩いていまして……。なるべくにおわないように、それでキレイに足を拭くのです。トイレなどで拭いて、何もしてないような素振りで席に戻り、普通に振る舞います。こういうことも、素足でスリップオンをはくときに心がけている部分。ほかのアイテムと違い、靴は蒸れやすいのでにおいに注意が必要です。

これも ✓CHECK!

「カルツェドニア」、「インティミッスィミ」のロングホーズ

男として知っておきたいのが靴下のルール。紳士は基本的に、スネを見せてはいけません。短い靴下をはいていると足を組んだ瞬間にスネが見えてしまう。これは紳士的ではないのです。ということで僕の場合、ロングホーズを用います。イタリアに出張で行ったときに、これらのブランドのものが値段も手頃なので30足ぐらいまとめ買いして、夏以外の季節にはいています。

07

バッグ

ITEM. **BAG**

カジュアルだからこそ
バッグも全体的な統一感が大事

RULES.

靴と同じで、ひとつのバッグですべてのシーンを網羅することは難しいものです。バッグもTPPOで使い分けるべきだからです。そこで、持っておくべきバッグの種類を紹介し、色選びや着こなし方法などを説明します。バッグはスタイルの中でも、かなりのボリュームを占めるので、バランスや統一感も必要です。そのあたりも説明します。

HOSHIBA'S EYE

「ペッレ モルビダ」のバッグ

僕がクリエイティブディレクターを務めるバッグのブランドが、ペッレ モルビダ。本質を知り優雅さを求める大人のブランドとして、旅の理想形として知られている船旅を楽しむ大人たちに向けて、誕生しました。その上品で良質な製品は、厳選した素材を使用し、細部にまでこだわって丁寧に製作されています。中でもお気に入りはこの２つです（P.124）。

ボストンバッグ￥100,000、バックパック￥54,000／ペッレ モルビダ

1 バッグはこの5種類を揃える！

バッグも靴と同じく、ライフスタイルによって幅が出るので、ひとつだけ選ぶというのは難しいものです。そこで、街使いを前提に、最低限揃えておきたいバッグを選びました。必要なのはボストンバッグ、普段使いの手提げのバッグ、バッグ・イン・バッグ、ショルダーバッグ、バックパックの5種類です。一通り揃えておけば、さまざまなシーンで活用することができます。出張に行く、ショッピングに行くなど、TPOに応じて使い分けるといいでしょう。例えば2～3日の旅に行くならボストンバッグ、軽快な装いのときはバックパック、船旅のときには寄港地での観光用のショルダーバッグなど、ライフスタイルによって持ち方が変わってくるものです。用途に合わせ、5種類の中から最善は何かを考えることが大切です。ブランドでおすすめしたいのは、ボストンバッグはペッレ モルビダ（P.123）、手提げバッグはエルメス（P.130）、バッグ・イン・バッグはブルネロ クチネリ、ショルダーバッグはペッレ モルビダ、バックパックはペッレ モルビダ（P.123）、ブルネロ クチネリ（P.131）やエルベ シャプリエなどです。

2 色は黒か茶で揃え、着こなし全体の統一感を

バッグの色は、ほぼ黒か茶しか持ちません。コーディネートは統一感が重要だからです。靴も基本的には同じ考え方です。黒のバッグを持ったら黒い靴。茶のバッグを持ったら茶の靴を選びます。茶色もなるべくなら濃いめのダークブラウンにしています。なぜならいきなり明るい茶にすると、コーディネートがバラバラに見えるからです。選ぶものは必ず品質の良いものを。気にかけるのは傷のつきにくい革であるかということ。そして革は密度が大切です。なぜなら、しっかりしていると伸びにくいからです。経年変化によってだんだん自分にフィットしてくるような丈夫で上質、そして傷がつきにくい革が良いのです。

バッグもほかのアイテム同様に、デザインされすぎているものは好きではありません。いたってシンプルでスタンダードなものがベスト。持っていて悪目立ちせず、コーディネートに溶け込むものが理想的です。

あとは、軽さも重要。なかなかこれらの条件全部を満たすバッグはありませんが根気よく探しましょう。バッグ＝鞄は「革」を「包む」と書くので、個人的には革ものが好きな

07

BAGS

んですが、エルベ・シャプリエのバックパックは別もの。ナイロン素材で革ではありませんが、とても軽いので出張のときなどスーツケースに忍ばせておくと便利です。シャツ一枚分ぐらいの軽さだと思います。品番でいえば978N及び946Cは、20年以上も作り続けられている定番商品ですので、安定感があります。

バッグをどう合わせたらいいのかという点については前述した通り、色や素材を揃えることが基本。バッグは小物の中でもボリュームが一番ありますから、それに合わせて靴、ベルト、腕時計のベルト、財布などの革小物の色を揃えることです。また、茶の鞄を持っていてサングラスは黒いフレームでいいかといったら、それもあまりカッコよくありません。その場合は茶のフレームの方が、統一感が出ます。とても大切なので繰り返しますが、バッグの色を茶か黒にしたら、なるべくなら、それに合わせ着こなし全体の小物の色を全部揃えることです。ファッションでは、統一感がとても重要なのです。

3 バッグ・イン・バッグは身嗜みに通じる

シーンに合わせてボストンバッグ、手提げバッグ、ショルダーバッグ、バックパックを持つのはわかるけど、なぜバッグ・イン・バッグは必要なの？と思われる方もいるでしょう。これは身嗜みに通じるものであり、僕にとっては大切な部分です。あえて5種類の中にバッグ・イン・バッグを入れた理由もそこにあります。

僕は手持ちのバッグの中にバッグ・イン・バッグをポーチとして常備し、タオル、ボディクリーム、リップクリーム、香水、保湿用フェイスクリーム、マウスウォッシュ、鏡、脂取り紙、歯ブラシ、毛抜きなど、身嗜みを整えるいろいろなものを入れています。そういう小物が一度に入るバッグ・イン・バッグはとても重宝します。急に日帰り出張になっても、まったく困らないぐらいの装備を入れています。トークショーのときなど、話が終わってお客様とお近づきになることも多く、いろいろな角度から見られてしまうことも多いのです。これでは油断も隙もあったものではありません。自分自身が試されるシーンです。そんな場面があるからこそ、常備品を入れたバッグ・イン・バッグが必要になるのです。

いずれにせよ、バッグ・イン・バッグは表だって人の目に触れるものではありませんが、男の身嗜みを支えるものとして必要です。男がポーチ……？と思われるかもしれませんが、身嗜みを整える上で欠かせないアイテムを、丸ごと収納できるのであれば持つべきではないでしょうか。

バッグ・イン・バッグの機能性としては、中面が防水のものを選ぶといいでしょう。なぜかというと、中のクリームなどが液漏れを起こしても、拭き取ってキレイにできるから。僕はブルネロ クチネリの革ポーチを使っています。一度、ハンドクリームの蓋が自然に取れてしまい、ベタベタになりましたが、防水だったのでその後のケアが楽でした。歯ブラシなども入れていますので、やはり防水の方が便利なのです。

プラダのナイロンポーチも素晴らしく良くできています。革ではありませんが、おすすめのひとつです。女性の場合はコスメなどもいろいろあるので、内部が細分化されているものが実用的だと思います。バッグ・イン・バッグのように、普段は見えないような部分にこそ、こだわってみてはいかがでしょうか。

4 オールマイティなバッグという発想もアリ

話は変わりますが、日々の多忙な仕事のことを考えると、毎日バッグを替え、中味を入れ替えるのは非常に面倒くさかったりするもので、僕はその時間がもったいないので、黒か茶のどちらかに統一しておくことがほとんどです。今、僕が何でもかんでも入れられるエルメスのバーキン（P.130）を使っているのはそういう理由です。完全にトートバッグの大人版という感じでしょうか。バーキンの中にいろいろ突っ込んで、何かガサツに持っているというか、後生大事にはしていないといいますか……。それこそ、Tシャツとジーンズにバーキンを持つ、みたいなスタイルでラフに使っています。

バーキンは元々女優のジェーン・バーキンのために、エルメスが作ったバッグです。ジェーン・バーキンとエルメスの方が飛行機で偶然に隣同士の席になり、「バッグにポケットが足りない」というバーキンの言葉に、「私たちのアトリエであなたの理想のバッグを作ってみましょう」という話になったことが、その発端のようです。たぶんですがジェーン・バーキン自身も、使い方としては、無造作に使い込んでいたのではないでしょうか。

「エルメス」のバーキン

エルメスのバーキンはたっぷりとした容量を持ち、底が平らで安定感抜群。丈夫で開いても閉じてもエレガント。エルメスの最も象徴的な職人技のサドルステッチが洗練されたエッジを描き、世界最高峰の素材が用られています。黒はアルデンヌ。茶はクシュベル。両方とも傷が目立ちにくい型押しレザーで、ヴィンテージのものです（P.129）。
バッグ／ともに干場私物

僕もクタクタになるまで使っているみたいなのがカッコいいんじゃないかな、と思っています。基本的に、女性のバッグだとは思うのですが、40cmというサイズだと女性が持つと大きく感じます。重量もありますし、それなら男のためのバッグでもいいかなと思い、使い始めました。他にもサイズは30cm、35cm、40cmなどいろいろあります。僕はバーキンが最初に作られたサイズが40cmということもあったので、一番原点のサイズを使っています。茶のときは、靴も茶、ベルトも茶で統一しています。

　また、バッグも靴と同様にライフスタイルの幅が出ますので、使うシーンで持ち方が変わってきます。ですがバーキンに関し

**「ブルネロ クチネリ」の
バックパックと
「ペッレ モルビダ」の
ウォレット**

このリュックもよく日常使いをしています。ブルネロ クチネリらしいとても上質なレザーが使われており、高級感があります。一方、ペッレ モルビダのラウンドジップウォレットはシンプルなデザインですが、パスポートも収納できて便利。上質なクロコダイル素材で、長く使用できます（P.124）。

バッグパック、ウォレット／ともに干場私物

ては、割とどんなスタイルでも使える汎用性の高さが魅力。ジャケットスタイルにも、ジーンズスタイルにも合わせられます。

ペッレ モルビダやブルネロ クチネリのバックパック（上）も、シンプルなので合わせやすく、比較的どんなスタイルにも合います。バッグはＴＰＯに応じて使い分けるものであると５種類を挙げておきながら矛盾する話ですが、ひとつのバッグがそれぞれを代役する包容力を持つと考えて頂ければと思います。こういうことは滅多になく、長年使える上質で丈夫な素材、そしてシンプルなデザインだからこそなのです。

08

腕時計

ITEM.

WATCH

４つのスタイルに似合う腕時計を！

RULES.

腕時計は時を刻む道具というだけでなく、身につけているその人自身を表すものです。靴もそうですが、身につけている者の富や地位などが推し量られるアイテムでもあります。その意味においては有名ブランドを代表するモデルをしていれば、世界的に良い腕時計をつけている人物との認識が得られます。ここではもう一歩進んで、大人の装いにプラスしたい、究極の腕時計をご紹介します。

HOSHIBA'S EYE

MATERIAL
超鏡面とシャープな稜線で造られた端正なケース！
DESIGN
立体的で視認性に優れた針・インデックス！
FUNCTION
日常生活用強化防水（10気圧）！

HOSHIBA'S TEPPAN CHOICE

Grand Seiko

「グランドセイコー」の腕時計SBGH201

世界には良い時計がたくさんありますが、日本人として海外に勝負しに行くときにしたいのが、この「グランドセイコー」です。日本製ならではの精度や巧緻な作りは世界に誇るべきもの。「正確」で「美しく」、「見やすく」「使いやすい」という腕時計の本質を追求し続けています。このモデルは、毎時36,000振動（毎秒10振動）の高精度のメカニカルムーブメントを搭載した、高級腕時計です（P.135）。

腕時計￥620,000／Grand Seiko（グランドセイコー）

08

WATCH

1 腕時計はその人の判断基準を表す

今はスマートフォンがあるので、極端なことをいえば、腕時計がなくても時間を知ることができます。ではなぜ腕時計をするのかといえば、ある意味自分の美意識や、好きなものの考え方といったことを表すアイテムだからです。

例えば、ロレックスを選ぶということは、機械式で丈夫であり、いろいろなスタイルに合わせられるからであり、つまりは、ものの価値を分かっているということになります。世界のどの人にも認められているもの選び、ということにも繋がります。人とのコミュニケーションをわかりやすくするためのひとつの手段ともいえるでしょう。だから、僕は世の中でいくらスマートフォンが普及しても、自分の好きな腕時計をしていたいと思うのです。高いものを買う必要はないのですが、自分の美意識を反映させたものを選ぶべきです。

言葉の通じない国に行ったとき、僕の腕時計を見た外国の方から英語で「良い腕時計しているね」と話しかけられることがよくあります。実際にあった話ですが、ある船旅でフランス人、ドイツ人、イタリア人など、世界の国の人々とご一緒しました。その人たちと僕

「セイコー」のアストロン

2012年、これまで腕時計が装備しえなかった機構であるGPSソーラーを取り入れ、かつてない機能と感性を持った腕時計として登場したのが、セイコーのアストロンです。実は世界初のGPSソーラーウオッチ。世界40タイムゾーンに対応します。また簡単なボタン操作でGPS衛星電波から現在地の正確な位置・時刻情報を取得できます。僕は複数持っていますが、右のジウジアーロ・デザイン(2017限定モデル)と、左のファーストモデルが気に入っています。世界で勝負するときの腕時計です。

時計／ともに干場私物

のしていた腕時計をきっかけに話が始まり、より密にコミュニケーションをとることができました。だから必ず、自分が良いと思う腕時計をすることにしているのです。

セイコーの腕時計は、いつも正確な時間を刻んでくれます。日本の腕時計の中でセイコーが好きなのも、そこに精緻さがあり、日本人の生真面目さが出ているからです。グランドセイコー（P.133）は、海外に行くときにも自信を持ってつけていける逸品。アストロン（上）はGPSソーラーウオッチなので、世界のどの国にいっても即座に現地時間を表示することができます。そんな日本が誇れる技術というものに、世界の皆さんがびっくりします。武士道や日本人としての魂とまではいいませんが、脇差を持って世界に行くことをイメージしているときは、セイコーの腕時計をしたくなるのです。

世界に数多ある腕時計から、どれを選ぶかはその人の価値基準になります。自分の考え方が、腕時計ひとつにも出るのです。でも良い腕時計を買えばそれでカッコよくなるのかというと、そうではありません。ここを勘違いしてはいけません。良い腕時計に似合うシャツも必要だし、良い腕時計に似合う身嗜みも必要になるということ。あくまでも総合的な努力が必要なのです。

2 4つのスタイルに合う究極の腕時計とは？

大人は良い腕時計を必ず1本持つべきだと思ってます。男性のスタイルは4つのカテゴリーに分類されます。それら4つのスタイルに似合う腕時計が、究極の1本ということになります。ではまず、大人の男性のスタイルを考えていきたいと思います。

一番最初に、大人の男性が似合わなくてはいけないスタイルは、仕事の基本であるスーツ。スーツが似合わないということは、仕事ができないのと同じこと。ビジネスでも結婚式でも、スーツが当たり前に似合うということが大切で、社会性が判断される部分でもあります。むしろスーツが似合わないというのは、大人の男性としてカッコよくないことです。

次にカジュアルスタイルの代表は何かといえば、ジーンズとTシャツです。ジーンズとTシャツが似合うということは、身体をちゃんとケアしていることを意味します。ぽっこりとお腹が出ているとか、逆にガリガリだとか、きちんとケアしていないとそういったことが露呈してしまいます。スーツとは対極にある、ジーンズとTシャツにも似合う腕時計を選ぶ、ということも大切です。

その次に似合わなくてはならないのは、タキシード。これは、イコールグローバル感があるということに繋がります。タキシードはガラディナーやオペラの初日にも行ける、TPOの対応能力があることに繋がっています。

最後に水着です。肉体を人の目にさらすという無防備な状態で、これも身体のケアをしているかどうかを計られます。この4つのスタイルが似合うことが男性には大切であり、大人のライフスタイルの根幹です。これらが似合えばある意味パーフェクトでしょう。

水着だけが似合うならハワイに、タキシードだけが似合うならホテルにいてくださいということに。振る舞えるシーンの幅が広い人ほど魅力的に見えますし、その4つのスタイルすべてが似合っているのではないかと思うのです。もっといえば、それはまさしく映画『007』のジェームズ・ボンド。今回は腕時計の話ですが、その4つのスタイルにすべてはまるのが、男性の持つべき腕時計だと思うのです。それでは、具体的にはどんな腕時計がはまるのでしょうか？

『007』の場合はどうかというと、最近のシリーズではオメガのシーマスターなどをつけています。過去の作品を遡ると、僕が考える究極の1本が出てきます。それはロレックスのサブマリーナというダイバーズウオッチ。確かにサブマリーナは、どのライフスタイルでも似合うカッコいい1本です。全部のシーンを想定できる時計というものはなかなかないもの。これぞ究極の1本といってもいいでしょう。僕も所有していますが、確かに4つのスタイルにピッタリきます。ダイバーズウオッチというスポーティなタイプの時計ですが、ロレックスならではの、気品や品格は十全に保てます。世界共通認識としての〝良い腕時計〟という判断基準も軽くクリアします。これだけ包容力があるというか、懐の深い時計はないでしょう。

仮にタキシードに似合わなかったとしても、スーツ、ジーンズ＆Tシャツ、水着に合うという点では、カルティエのカリブル ドゥ カルティエ ダイバーなどもいいでしょう。これと、2針のドレスウオッチの2本を持つのも良いと思います。なぜ2針の時計がドレスウオッチとしていいかというと、秒針がなく、秒まで気にしなくていいからです。それはどういうことかというと、タキシードを着てパーティに行ったときに、時間を忘れて楽しんでください、というメッセージが内包されているということなのです。

4つのスタイルに似合う腕時計を選ぶべきという話をしてきましたが、これはあくまで必要最低限のミニマムなお話です。ヨットにカーレース、射撃、フィッシング、カーレース、スポーツ、そしてアート……。大人の男のライフスタイルは、ダイナミックな方が良いし、幅があった方がカッコいい。そのライフスタイルの幅は腕時計にも出るものです。映画『トーマス・クラウン・アフェア』に出て来るピアーズ・プロスナンの役などは、まさにそんな大人の男の憧れなのではないでしょうか。

3 カッコいい腕時計とは？

すごく良い腕時計をしているのに、ツメが汚いのは大人としてナンセンスです。良い腕時計をするなら、当然のように本質的な部分も磨かなければなりません。パテック フィリップなどの高級時計をしていると、「この人すごい人なんじゃないか？」と思われたりするでしょう。特にTシャツにジーンズ、水着の場合などは、着こなしにおける腕時計が占めるパーセンテージが高くなり、視線も集まります。それだけ男性の腕時計は、他人から見られるポイントであるということは認識しておいた方がいいかもしれません。だからこそ僕は、腕時計は自分の納得のいくものをつけたいと思うのです。

ではカッコいい腕時計とは？ 僕が今一番カッコいいなと思うのは、金の腕時計です。もちろんまだ買えていませんが、いつかは手に入れたいと思っています。なぜ金の腕時計かというと、『LEON』という雑誌の編集者をやっていたときに、岸田一郎さんという名物編集長がいて、その人にこう言われたのです。「愛し合う大人の男女がいるとする。沈没しそうな船で、救助の小舟に乗れるかどうかわからない。そのとき男が〝この腕時計

「エドックス」の腕時計

エドックスは1884年スイスのジュラで創業した、数少ない独立系時計ブランド。時計職人の卓越した技術と創造性、革新性により世界有数の時計メーカーの地位を築きました。その時計作りは、単なる時を刻むものというだけではなく、人生やライフスタイルそのもの。もの作りに注ぐ情熱が、身につける者をグレードアップします。

腕時計／干場私物

「ベル＆ロス」の腕時計BR01-94

航空機のコクピットに設置されていた計器を腕時計のデザインにリファイン。それゆえに四角なわけです。まさにBR01-94はベル＆ロスの真骨頂。

腕時計／干場私物

で何とかこいつを乗せてくれ〟といって腕時計を差しだし、愛する女性を乗せてもらおうと交渉する。小舟の船頭に〝これ何だ？〟と聞かれると〝金の腕時計〟だという。金の腕時計は貨幣価値があるんだ。そういう点でいうと、干場は流行の腕時計を持ってるより、金の腕時計を1本持っていた方がロマンティックでモテると思うよ」と。だから、金の腕時計を1本買おうかなと（笑）。

ただ金の腕時計が難しいのは、嫌味に見えたり、バブルっぽく見えたりするところ。だから逆に、他のところが枯れてきたな、というとき金の腕時計はいいんですね。巻頭で語ったジャンニ・アニエッリさんみたいに白髪がたくさん出てきたときに、使えたら……。

それこそ白いTシャツに真っ黒に日焼けして、ブルージーンズに金のロレックスのデイトナ！　そんなカジュアルスタイルがカッコいいと思うのです。

4 腕時計の格に合うように自分を追い込む！

腕時計は丈夫で後々までずっと使えるものです。だからこそ自己投資として、高いものを買うのも良いと思うのです。Tシャツなどの衣類は、寿命がそれほど長くありません。毎日つけられて、壊れても直せば長く使える腕時計は、コストパフォーマンスが高いもの。長く愛用できる1品ですから、僕は多少高くてもいいと思うのです。

もうひとついえるのが、上質なものを買うと、それが似合う男になるよう努力もします。

僕は37歳の時、「うわー高いなあ～」と思いつつもオーデマ ピゲのロイヤル オーク（P.143）を買いました。雑誌『OCEANS』を辞めて自分で会社を作ろうと独立した頃で……。独立したてで時計など買っちゃいけない、「もう本当にやばい、どうしよ

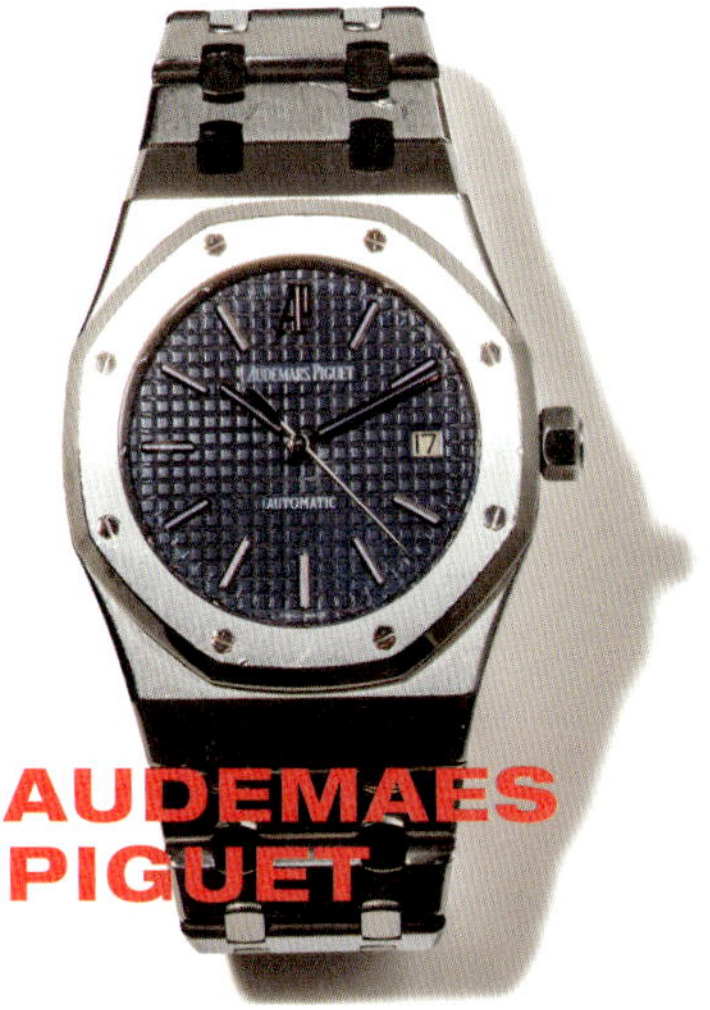

「オーデマ ピゲ」の
ロイヤル オーク

1972年に発売された、ロイヤル オークは、既存のデザインコードをくつがえしたコンテンポラリーウォッチのアイコン的存在。六角形のネジで取り付けられた八角形のベゼルの形状、スティールケース、シグネチャーであるタペストリー模様のダイヤル、一体型ブレスレットなどが特徴で、調和のとれたラインのケースは快適なつけ心地です（P.142）。

腕時計／干場私物

う」というときだったのですが、それで自分を追い込みました。「買ってしまったんだから、とにかくやらないと」と思うようになったのです。とにかく、この腕時計が似合うような男になろうとひたすら努力しました。そんなふうに良い腕時計を買って自分を追い込むのも、ありかなと思うのです。ぜひ良い腕時計を1本買って、それが似合う大人の男を目指してみてはいかがでしょう。

09

アイウェア

ITEM.

EYEWEAR

アイウェアは使いこなすのが大人の真髄

RULES.

サングラスや眼鏡などのアイウェアは、人の視線が集中する顔を覆うアイテムです。それだけに強い印象を与えますが、攻めの気分を表すのにはとても有効です。ですが、ただかけるだけではもったいない。小道具として使い、自分のものとして使いこなしましょう。選ぶべきサングラスやアイウェアの形や色、使いこなし方をご紹介します。

HOSHIBA'S TEPPAN CHOICE

6, 7, 8

「レイバン」

1937年登場のレイバンは、アイウェア、サングラスを中心とした世界を代表するブランド。ウェイファーラーとティアドロップは象徴的存在（P146）。

10

「ジョルジオ　アルマーニ」

大人の男の色気に満ちているジョルジオ アルマーニのサングラス。シンプルでかけ心地が良く、大人の男性にこそ似合うアイウェアです。

1, 2, 3

「ペルソール」

映画関係者や著名人が愛用することでも知られるイタリアのアイウェアブランド、ペルソール。世界初の曲がるテンプルのメフレクトでも有名（P.148）。

4,5,9

「モスコット」

４世代続くニューヨークの老舗眼鏡専門店、モスコット。中でもレムトッシュは半世紀以上前に誕生したデザインながら飽きられない定番（P.146）。

眼鏡、サングラス／すべて干場私物

1 形に悩んだらまずは定番を選ぶ！

サングラスや眼鏡などのアイウェア選びでお悩みの方も多いでしょう。まず、形の話から始めたいと思います。自分に合う形のアイウェアを探すなら、正直、試着してかけまくるのが一番です。当然、そのときのトレンドの形もあるので、お店の人に相談し、流行りをおさえてもらった上で、自分の顔の形に合うものを探すといいでしょう。それこそ人の顔は千差万別ですから、似合うものも人によって違います。ただ、レイバンのウェイファーラーやティアドロップ（P.145）は、世界のどこの人がかけてもそれなりに似合ってしまう定番の形です。アイウェアも定番から選ぶというのが、僕の好きな考え方。定番には、長く愛され続ける理由があるからです。

ジーンズはリーバイス、Tシャツはヘインズというように、もののオリジンと呼べるものは、長い間、多くの人々に愛され続けてきたという歴史でもあります。モスコットのレムトッシュ（P.145）というモデルも同様です。僕がかけているものに奇抜なものはなく、レイバンもモスコットも、世界の定番品と呼ばれるもの。迷っていらっしゃる方は、そんな定番の中から選ぶといいでしょう。もちろん似合わない人もいるとは思いますが、それはそれで、別のブランドを試せばいいと思うのです。

サングラスの場合、よくいわれるのは、眉毛がフレームから出ないものがいいということ。これを目安にして選んでみてください。もしサングラスのかけ心地が顔に合わない場合は、ノーズパッドに〝鼻盛り〟というお直しをしてもらって調整を。サイズやバランスの合わないものがあったら、ほかのアイテムと同様にお直しするのもいいと思います。通常、眼鏡を購入すると、眼鏡屋さんがフィッティングをしてくれます。顔に合うように、テンプルを曲げたりなど、調整してくれるはずです。

僕はよくやるんですが、好きな眼鏡のフレームにカラーのレンズを入れて、サングラスとして着用すること。これなら迷わずに、好きなサングラスを手に入れることができます。日常使いの眼鏡とサングラスが同じ形でも、まったく問題ありません。レンズが透明か色が入っているかだけの違いでも、与える印象は変わるものです。

2 選ぶべきフレームとレンズの色

フレームの色は、黒か茶にしておくと使いやすいはずです。基本、靴とバッグを黒か茶に、と前述しましたが、アイウェアにも関係してきます。また、腕時計と同じで、アイウェアも、スーツ、Tシャツ&ジーンズ、タキシード、水着の4つのスタイルに合っていることがカッコよさの条件です。僕はどのスタイルにも合わせられるように、常に2本持ち歩いています。それもたいがい同じものを、黒と茶の色違いで2本買っています。

アメリカで100年以上続くアイウェアブランドである、モスコットのレムトッシュというモデルを愛用していますが、茶色のフレームにはブルーのレンズ、黒のフレームにはグレーのレンズを入れています。茶のフレーム×ブルーレンズは相性が良く、無彩色の黒のセルフレームには、グレーのレンズが合います。レイバンのウェイファーラーも同様に、黒と茶のフレームを持っています。黒はなるべくマットな艶なしフレームを選んでいます。この2ブランドに加え、オリバーピープルズやペルソール（P.145）なども愛用しています。

レンズでいうと、太陽の下に出ると段々色が変わる調光レンズにするのもおすすめ。レンズは、ライフスタイルによって変えてみるのもいいでしょう。

僕は日差しが強いときはもちろん、そうでなくてもサングラスを常にかけています。もちろん夜はかけませんが（笑）。夜でも使えるよう、レンズの色がサングラスと透明な眼鏡レンズとの中間のような、色合いをおさえたものにしています。この場合も、色は着ている服に合わせます。ブルーのシャツを着て、茶色の小物を持っているときはブルーレンズに茶色のフレーム、黒い服に黒の小物なら黒のフレームという具合です。

最近は金属のメタルフレームの眼鏡は、ほとんどかけなくなりました。人の受ける第一印象はメタルフレームだと冷たく見えるらしく、やはり優しい印象の方がいいと思い、夏でも冬でもセルフレームを選ぶことが多くなりました。それでもメタルのサングラスをかけたいなら、着こなし全体の金属の色を統一することが大切です。腕時計の金具の色やベルトのバックルがシルバーなのに、フレームがゴールドだとカッコ悪いのでご注意を。

3 攻める気分のときにサングラスを！

僕にとってサングラスはとても身近な存在です。かけないときがないぐらいで、いつも携行していて、持っていないことはほとんどないです。これから編集部に仕事に行く、といったときにも、絶対にかけます。

またTシャツや白シャツにジーンズ、サングラスといったスタイルもお気に入りです。始めたのはこんな話がきっかけです。僕の知り合いの女性にとても素敵な人がいて、あまりの美貌に興味が湧いて「どういう男の人がカッコいいと思いますか？」と質問しました。すると「私が思うのは、フェラーリやマセラティ、それこそアストンマーティンやポルシェとか何でもいいけど、シックな色のスポーツカーを、自分ではなく、さり気なくいい女に運転させている男性。もちろん女性もバッチリカッコよくて、そんな女性にを白いTシャツにジーンズ、サングラス姿でさりげなく運転させている男性ってカッコいいのよ」と。「おおー、それありだな」とパッと想像ができました。「なんでそう思うんですか？」と聞くと、「それって余裕がある男の姿でしょ。自分は悠々と助手席に座って、自分から女性のためにガッチリ運転してやるタイプじゃないの。そのぐらいの男性の方がカッコいいのよね。しかも隣にはいい女でしょ。いい女と一緒にいるっていうのが、一番のいい男なのよ」といっていたのです。確かに「すごく説得力あるな」と思いました。それ以来、「白いTシャツにジーンズ、サングラス。おおいいね、ありあり」と思うようになりました。

つまり、オンな気分といいますか、攻めている気分のときに、サングラスをすることが多いのです。自分のそんな気分は、見る人にも伝わると思います。当然、着こなし全体が〝攻め〟な印象になります。これはファッション小物としてのサングラスの効用であり、かける人のイメージを変えてくれるものです。往年のセレブリティたちが、レイバンのウェイファーラーを愛用していましたが、そのサングラス姿が与えるのは、やはり〝前向きで攻めている〟イメージ。セレブたちも、サングラスの効用というものを熟知しているのでしょう。

4 サングラスは使いこなすことが重要！

サングラスをかけることに、少なからず抵抗がある人もいるかもしれません。ですが、サングラスは毎日のように気軽にかけていると、その分だけ似合うようになっていきます。最初は照れですぐはずしてしまうこともあるかもしれませんが、しばらくかけてみれば慣れるものです。3週間ぐらい照れを我慢すればＯＫ。似合っているかどうかなんてさておいて、僕が思うに、サングラスはかけたもん勝ちだということです。単体で見ればひとつのアイテムにほかなりませんが、シーンに溶け込んだ瞬間にサングラスはもっとカッコよく見えるものです。本当に日差しが強い日に、白いシャツとジーンズにサクっとサングラスをかけていると「なるほどね」と思わせる。または、別にかけなくても頭に乗せているとか、すごくまぶしくなったらかけ直すとかそういうのもアリだと思います。

また、サングラスは小道具です。それを使いこなしているかどうかということがキモ。慣れていないとカッコ悪く見えるのです。では、使いこなすとはどういうことか？　それは普段の生活で自然に使われていること。サングラスを頭に乗せたり、テンプルを指のようにしてものを指すのに使ったり、考えごとをしているときアゴにあててもいい。〝使いこなしている〟とは、そういうことです。シンプルな定番の品を、どれだけ使いこなせるか、が大事。ただサングラスを顔にかけるだけで終わらせるのはもったいない。いかにサングラスに慣れ、自分のものとし、道具として使いこなすかが大切なのです。

常に持っていることが必要で、僕の場合、かけないときはジャケットの胸ポケットに折り畳んで入れています。それだけでも、使いこなしているように見えます。サングラスをジャケットの胸ポケットに入れることがどういう作用をもたらすかというと、ジャケットの胸の部分を立体的に見せてくれる。横から見れば、胸筋が張っているようにも見えます。ジャケットは立体的に見えると、断然カッコいいのです。

また、Tシャツや白シャツなどの首にかけてアクセントにする方法もあります。あくまでもさりげなく。一生懸命やってはいない、そこが大事なポイントです。お洒落は「頑張った感」があるのが一番カッコ悪い。言葉でいうと「ノンシャラン」（フランス語でのんき、無頓着の意）な雰囲気でやるといいのです。

10

アクセサリー

ITEM. **ACCESSORIES**

男のアクセサリーは
シンプルなものを1点

RULES.

アクセサリー、特に光りものは人間の網膜を刺激し、そこに目を惹きつけます。ですので分散してつけると、印象が散漫に。大切なのは自分自身の中身を見せることです。それにはどうすればいいか？　品の良い装い方とは何か？　大丈夫、心配ご無用です。ここではブレスレットに焦点を当て、上手な使い方をレクチャーします。

HOSHIBA'S EYE

HOSHIBA'S TEPPAN CHOICE

FOREVERMARK

「フォーエバーマーク」のコードブレスレット

「ダイヤモンドは永遠の輝き」というメッセージで知られるフォーエバーマークが贈る、エンコルディア® コレクション。古代ギリシャの時代から世界中で愛や絆、忠誠心などの象徴として使われてきた結び目「ヘラクレスノット」からインスピレーションを受けたデザイン。それが象徴するのは「永遠のきずな」。全13種類のカラフルなコードから、その日の装いに合わせて選べるのも◎（P.4、8、9、11）。

ブレスレット各、中心価格帯￥80,000～／すべてフォーエバーマーク

1 ブレスレットは1点使いが基本！

ジュエリーやアクセサリーも、基本はシンプルに1点使いというのが、僕のスタンス。かつてはイタリア人みたいに、手首にブレスレットをジャラジャラとつけていた時代もありました。ティファニーやエルメス、イタリアのカプリ島やサントロペで買ったお土産のアクセサリーなどをいろいろまとめてつけていたのです。旅先での思い出の記念といいますか、土産物屋などで紐や革のブレス、シルバーブレスなど結構な量を買い、その思い出が詰まっているということで、身につけていた時期も。また、イタリアンファッションは、日焼けした肌に水色のシャツ1枚を羽織る、といったシンプルスタイルが多いので、手首にブレスレットをつけているとポイントになるということもありました。自分もやっていたことですので、ブレスレットのまとめづけは否定しません……が、最近はつけるのなら大抵ひとつにしています。ジュエリーやアクセサリーは、男の人がつけるのなら、どこかに1点。指輪をつけたらブレスレットはつけないし、ブレスレットをつけたら指輪はつけないという感じですね。あれこれつけていると、他人の視線は自然と光りものに向いてしまいまいます。例えばブレスレット、指輪、ネックレス、メタルフレームのサングラスといろいろつけていると、どこに視線を持っていけばいいかわからないですよね？　大事なのは中身であり、顔に目がいくこと。その意味で、あまりたくさん光りものはつけないほうがいいと思うのです。

だからおすすめは、基本ブレスレットの1点使い。本当に気に入ったものを、ずっと長く使うのがいいでしょう。TPOに応じてつけ替える、という考え方もありますが、普遍性を持つものなら、オールマイティに使えます。

『Numéro Tokyo』という女性誌の編集長の田中杏子さんに（とてもキレイでカッコいい）、僕に似合うジュエリーを値段が安いものから高いもの、松竹梅で3つ選んで頂く企画がありました。そこでおっしゃっていたのは「やはり男性はジュエリーをジャラジャラとつけているのはあまりカッコよくないから、つけるんだったらどこかひとつだよね。1個ちょっと印象的なものをつけておくと、話のタネにもなるしね」と。素敵な女性目線でもそうなのです。僕もまったく同意見です。

2 ブレスレットはシンプルかつ印象的であること

色はシルバーでもゴールドでも、好き好きでいいと思います。僕はゴールドのブレスレットが意外と好きです。僕の場合は、ベースに日焼けしていることがあるので、それに似合うブレスレットということを考えると、シルバーよりもゴールドの方が似合うように感じるのです。色白の方には、ゴールドはミスマッチかもしれません。キレイに見えないわけではないのですが、その人が自分をどう見せたいのかというスタンスが、アクセサリー選びではすごく大切だと思うのです。

購入するにあたって気にしたいことは、まずシンプルであること。他のいろいろなアイテムと調和させなくてはいけないからです。パンツをはいて、シャツも着て、ニット、ジャケットも着ているとなったときに、そこに合うかどうかが非常に重要となってくると思うのです。ですので、シンプルなものの方が、いろんなものとの調和や、組み合わせがしやすい。アクセサリーは小さいですが、最大の効果を発揮するものですから。

その一例が結婚指輪。あんなに小さく、細いものなのに、ひと目で結婚しているとわか

HOSHIBA'S EYE

SYMPATHY OF SOUL

「シンパシー・オブ・ソウル」のブレスレット

シンパシー・オブ・ソウルの代表的モチーフのひとつがホースシュー(馬蹄)。古くから幸運の象徴や魔除けとして親しまれ、口が開いているそのU字型の形から幸せが転がり込み、くぼみで受け止め満たしてくれるといわれます。アクセサリー1点使いには、金とシルバーのシンプルな細いバングルも有効。メッセージが刻印され、アクセントに。イタリア語で愛のメッセージが書かれたシルバーとゴールドのバングルは、シンパシー・オブ・ソウルと干場のコラボアイテムです(P.160)。

ブレスレット銀￥22,000、ブレスレット金￥243,000、バングル銀￥18,000、金￥200,000／SYMPATHY OF SOUL（S.O.S fp 恵比寿本店）

り、かつその人の人となりも表すものです。ですから僕は、男性であれば、ある程度年齢が上の方なら、アクセサリーは結婚指輪ひとつだけでもいいのではないかと思っているぐらいです。アクセサリーならブレスレットをおすすめしましたが、ブレスレットでもリングでも好みでいいでしょう。シンプルでずっと使えるような、自分が気に入るデザインのものを、1点使いするのがいいのではないかなと思います。

僕が最近使っているのはS.O.S fpのメッセージ入りバングル（P.159）。ごくシンプルな上に印象的で、みなさんもつけやすいものです。またこのバングルは、売上げの一部を次世代の育成に役立てようとも思っているんです。僕は、たまたまラッキーなことに良い先輩や上司に恵まれ、23歳の頃からイタリアやフランス、ドイツなど海外出張に行かせてもらったからこそ、今があります。だから今度は僕が若手たちに還元したいなと……。「あきらめなければ夢は叶う」というようなメッセージをイタリア語で入れていきます。

いずれにせよ、アクセサリーやジュエリーは1点使いがおすすめ。そして「それ何？」と聞かれたときに、「語れるストーリー」があることが、ロマンティックで素敵だと思うんですよね。

Chapter 3

SEASON'S PLUS ITEMS

季節ごとに厳選アイテムをプラス！

～季節アイテム編～

基本アイテムは、いわば、かけ蕎麦です。それだけでも成立しますが、より美味しくするには旬の食材も必要です。さらに魅力的なお蕎麦にするために、プラスしたい季節のアイテムをご紹介します。季節に合う素材や色、定番の追加アイテムを加えることで、より艶や色気のある装いになります。

春夏秋冬の季節に合わせて賢く買い足そう！

基本アイテムを揃え、その着こなしを覚えたら、春夏秋冬に合わせて新しいアイテムをプラスしていくといいでしょう。これから便宜上、4シーズンに分けて買い足したい追加アイテムをご紹介しますが、それらは季節をまたいでも全くかまいません。例えば3月、4月、5月と季節を通して着られるということもひとつの大切なキーワードです。カジュアルスタイルの裾野を広げ、着こなしのバリエーションを広げるものですので、追加アイテムの購入を検討して頂けたらと思います。

基本アイテムと追加アイテムの違いは、料理に例えると、皆さんおわかり頂けるはず。そこでお蕎麦を例に取りましょう。基本アイテムをかけ蕎麦だとすると、追加アイテムは旬の季節の野菜や魚の天ぷらを加えるようなこと。基本のお蕎麦に対して、旬の食材をワンポイントで足していく、といってもいいかもしれません。〝お蕎麦〟という料理はそのままに、そこに自分らさしを加えるのです。例えば「筍が出てくる季節になりました。では新筍を入れてお蕎麦を作りましょう」というようなことです。夏になったら今度はミョウガがたくさん出てきますので、それを千切りにしてお蕎麦の上に乗せます。〝お蕎麦〟という料理は変わりませんが、そこに季節感であったり、その人らしさであったり、TPPOを加えていくのです。長野に行ったら「名産のキノコが入った冷たいお蕎麦を食べました」、東北地方に行ったら、「イノシシの肉を入れて、お蕎麦を食べました」、そんなことなのかもしれません。

ここまでは、僕が20数年間ファッションの世界に関わり、辿り着いた干場流のお蕎麦＝基本アイテムをご紹介してきました。そのお蕎麦に合わせるもの＝追加アイテムもまた、干場流で貫き通したものです。ある意味、『蕎麦 干場』という店があったとすると、そこで出される数々の季節のメニューといっていいかもしれません。信念に基づき、こだわり、自信を持って出すものですから、間違いなく美味しいはずです。お蕎麦の例え話でおわかり頂けましたでしょうか……。追加アイテムも汎用性の高いアイテムばかりです。手に入れて、まず損はないでしょう。

SEASONAL ITEMS

SPRING

春は季節の躍動感に合わせ
軽快なアイテムをプラス！

RULES.

寒い季節が終わり、暖かくなる季節、春の到来。服も防寒のために着ていた重衣料を脱ぎ捨て、軽やかになる季節です。基本アイテムに合わせる追加アイテムは、そんな季節感を考慮したものがいいでしょう。素材感や色、軽さなどがキーワードです。ここでは4アイテムをプラスしていきます。

STRIPE SHIRTS

基本アイテムでも紹介したカミチャニスタのシャツ。基本的な形は基本アイテムの白シャツと変わりありません。ワイドスプレッドカラーのシンプルな１枚です。一見、ブルー無地に見えますが、よく見ると白とブルーのストライプになっていて、変化をつけられます。春はこんな爽快なシャツが１枚あるといいでしょう。（P.167）

シャツ／干場私物

WHITE DENIM

基本のブルージーンズの次は、ブラックジーンズやホワイトジーンズがあると着こなしの幅が広がります。春に選ぶならホワイトジーンズです。これはシビリアというイタリアのブランドのもので、クラシックをベースに、現代的な解釈が加えられたデザインです。シルエットはブルージーンズと同じく、テーパードスリムを選ぶといいでしょう。（P.167）

ジーンズ／干場私物

春は、軽快さと躍動感が大事

寒い冬を越し、草木も芽吹く、春。四季の始まりの季節ですので、スタイルにおいてもフレッシュさを感じさせる軽快なアイテムを足していきたいものです。素材や色に軽量感があるアイテムを意識していきましょう。素材の基本は綿です。冬のウールから綿に変わる季節。綿糸で織る綿生地の清涼感は、春にピッタリです。もちろん1年を通じて着られる素材ですが、一躍主役になるのが春なのです。そのほか、ポリエステルなど薄手の化繊素材のものも使い勝手がいいでしょう。軽さで季節感や自分らしさを表現したいものです。カラーは春ならではのものを選びましょう。例えばジーンズならホワイトです。白が季節感を端的に表現してくれます。またブルーなどの爽快な色もおすすめです。あくまでも基本アイテムに対してプラスするものですから、それらとの色の相性は考えなくてはいけません。基本アイテムは主に白、黒、茶、ネイビー、ブルー系で形成されていますので、いくら爽快といえどもあまり突飛な色は避け、しっとりまとめるのがコツです。

春にプラスしたい厳選4アイテム

ここでは春の追加アイテムとして4つのアイテムを紹介しています。トップスひとつにボトムス2つ、シューズが1種類です。順を追って説明していきましょう。

まずトップスのシャツです。ここで基本アイテムにはなかった色が出てきます。それがブルーと白のストライプ（P.165）です。ジーンズにブルーがありましたが、それよりさらに爽やかなブルーです。空や海の色でもあるブルーは、爽快な印象を与えてくれて、春の季節感にもピッタリです。1枚で着てもいいですし、ネイビージャケットのインナーとして用いれば、白シャツとはまた違う世界観が広がります。形は白シャツと同じワイドスプレッドカラーのいたってシンプルなものがいいでしょう。細いストライプのものを選べば、さらに着こなしの幅が広がります。暑ければ腕まくりなどをしてもこなれた印象に。

ボトムスの1本目はホワイトジーンズ（P.165）です。僕がおすすめするのはイタリアのブランド、シビリアのもの。基本の5ポケットでシルエットはブルージーンズと同様に、脚に沿う形で裾に向けて細くなるタイプです。春だからこそ、ジーンズも爽やかに色を変えるのです。

春から夏にかけては、ホワイトジーンズが活躍する季節といっていいでしょう。白はネイビーやブルーと相性がいいですし、色を引き立てる効果があります。さらにどんな色や柄とも合いますので、合わせるアイテムを選びません。1本プラスすることで、着こなしの表情が俄然変わります。

ボトムスの2本目は黒のストレッチパンツ。ニール・バレットのトラベルラインのスキニーフィットのパンツ（P.169）がおすすめです。テクノストレッチ素材ではきやすく、保形性もあり、旅行などでもとても便利。ポリエステル97％、ポリウレタン3％で薄くとても軽い素材。男性のパンツは基本ジーンズ、あとはグレーのパンツだけでもいいとは思いますが、このパンツは僕が考えるカジュアルアイテムの、もうひとつの代表格かもしれません。他の本では提案しないかもしれませんが、僕自身、とてもよくはくもので、それこそ白や黒のTシャツなどとも合い、黒だからこそカジュアルすぎず、大人にピッタリです。

最後に軽快な足元を約束するスニーカーです。選んだのは、白のブルネロ クチネリと黒のパトリックのクルーズライン（P.169）です。ともにベーシックなレザータイプで、少し丸みを帯びています。デニムなど裾の細いパンツにはこのぐらいボリュームがある方がバランスがいいのです。白と黒なら基本アイテムに合い、着こなしに軽さを与えられます。

ニール・バレットのストレッチパンツです。とにかく伸びるので、ノンストレスな着心地。日常でも出張でも重宝します。一見ウール地に見える、光沢を抑えた上品なテクノストレッチナイロンを使用。テーパードのきいたタイトシルエットで軽量です。シワになりにくく持ち運びもとても楽なので手放せません（P.168）。

パンツ／干場私物

写真左の白いスニーカーはブルネロ クチネリ。右の黒のスニーカーは、僕がプロデュースしているパトリックのクルーズライン。いずれも、シンプルなデザインだから、ボトムスのタイプを選ばず、毎日の着こなしに使えます（P.168）。

スニーカー／ともに干場私物

SEASONAL ITEMS

SUMMER

暑い夏だからこそ活きる
清涼感あるアイテムを加える

RULES.

四季の中でも暑さが際立つ夏は、ほかのシーズンに比べ着こなしのアイテム数が少なくなります。足し算ではなく引き算の着こなしとなるため、何をどう選ぶかが重要になります。麻など高温多湿な日本の夏に向く素材のものや、1枚でも主張してくれるようなアイテムをプラスしてみましょう。

「ダーバン」モンスーンのチェックジャケット

夏の暑い盛りにジャケット？と思われるかもしれません。でもそれは、夏に対応する「完成度の高い服」が、なかったからではないでしょうか。ダーバンの「高温多湿なアジア型気候に対応する夏向けスーツ」として開発された盛夏ライン「モンスーン」がそれを解決。高温多湿でも着られて型崩れしにくい上、柔らかい。ハリもあり、軽いジャケットは最高です(P.172)。

モンスーンジャケット¥69,000／D'URBAN（レナウンプレスポート）

1枚で主役を張れるものを選ぶ

日本の夏は高温多湿で、いわゆる温帯モンスーン気候です。日本より気温の高い地域より、日本の方が暑いと感じるのは湿度が高いからです。その中で服を着るのですから、涼を得ることを心がけることが大切です。まず素材に注目しましょう。夏場に取り入れたい代表素材が麻です。その特性は通気性が良い、吸水性がある、水に濡れることで強度が増して洗濯に強くなる、光沢がある、引っ張りに強いなど。麻で作られたアイテムは、涼しいので夏場の追加アイテムとして欠かせません。その他4つを追加アイテムとして挙げていますが、順を追ってレクチャーしていきましょう。

夏にプラスしたい厳選4アイテム

まずはダーバンのモンスーンジャケット（P.171）です。モンスーンシリーズは盛夏ラインとして開発され、2017年で発売20周年を迎えています。これは、「クールビズ」という言葉が生まれた2005年より、8年も前に販売が開始されていたことにな

GAP

夏の定番、Tシャツも欠かせません。僕はTシャツはほぼこれしか着ません。それがギャップのストレッチTシャツ。綿100％でピチピチすぎない適度にタイトなシルエット。色は白、黒、ネイビーを揃えています。無地でシンプルなので、ジーンズやストレッチパンツなど、どんなパンツにも合い、夏の主役として活躍（P.174）。

Tシャツ／すべて干場私物

ります。その特徴は、天然素材による美しい表情に加え、型崩れのしにくい構築的なシルエットです。さらには、一般的な生地の約5倍も通気性が高く、放湿・放熱性にも優れた裏地を採用していること。商業水洗いへも対応していて、どれも発売当時から変わらないこだわりです。P.171で紹介したジャケットもウール91%、麻9%の天然素材で、前述した性能をすべて備えています。ネイビージャケットの次に選ぶ1着として、このように使い勝手のいい、クラシカルな柄のジャケットをプラスすれば夏の着こなしが華やぎます。基本アイテムはすべて無地なので、柄ジャケットを加えると夏の着こなしに変化が生まれます。

次に加えたいのがTシャツ。無地のベーシックなものを選べば、ジーンズやグレーパンツ、ショートパンツなど何にでも合います。僕はTシャツならギャップ（P.173）を着ることが多く、無地の白、黒、ネイビーを何枚も持っています。その理由は素材感、シルエット、そしてシンプルなデザイン。ギャップのサイズ感はやや大きめなので、SかMを選び、着丈はすべて65㎝にお直しして着ています。

ジョンスメドレーの海島綿のポロシャツ（P.175）もおすすめです。これは1枚で主役を張れます。その素材感、丁寧な作りの良さなど、大人が着るべきポロシャツだと思います。ジャケットのインナーとしても、十全に活躍してくれるので重宝するアイテムです。基本アイテムの延長線上にありますので、無地でネイビーや黒、白などを選ぶといいでしょう。

麻のシャツも夏ならではのアイテム。僕はイタリアのマリア・サンタンジェロのネイビーの無地（P.175）を愛用しています。麻ならではの色合いや風合いが特徴的で、着込むほどにシワが入り、抜群のこなれ感を演出してくれます。形は白シャツと同じセミワイドスプレッドカラー。さらりと素肌に着れば、涼しげな着こなしになります。この4アイテムをプラスして、夏の着こなしの幅を広げてみてください。

夏場に1枚で主役になれるものとして、ポロシャツがあります。僕が着ているものはジョンスメドレーの無地。素材が重要でシーアイランドコットン、つまり海島綿が使われています。これは繊維の宝石と呼ばれるぐらいの最高級綿です。ボディ部分と袖は手作業で縫い合わせており、品質面でも優れものです(P.174)。

ポロシャツ／干場私物

イタリア人は年間を通して着ているリネンシャツ。日本のモンスーン気候の夏にこそ、麻素材が威力を発揮します。形は白シャツと同じでマリア・サンタンジェロのもの。気をつけたいのがシワで、着ていると段々縮んでいきます。僕は少し大きめを購入しプレスをかけて着用し、シワの縮みでジャストサイズにします(P.174)。

リネンシャツ／干場私物

SEASONAL ITEMS

AUTUMN

着こなしを満喫できる秋は定番アイテムを重点的に加える

RULES.

暑い夏が過ぎ、着るアイテムが増える季節、秋。お洒落の本格的な季節といえるかもしれません。が、基本的なことは変わりません。あくまでもベーシックに、なるべく引き算で考えることです。例えば色に関しては、基本の白、黒、ネイビーに、加えるならグレーや茶系統です。なるべく色味をおさえつつ、なおかつ華やかに見せることが重要です。

HOSHIBA'S
TEPPAN CHOICE

BLAZER

ネイビージャケットの２着目として追加したいのが、ネイビーブレザー。着こなしに変化をつけるため、あえてシングルではなく、6ボタンのダブルブレストを選んでいます。これはオールド イングランドのもので、シルバーボタンになっています。この場合、ブレスレットなどのアクセサリーはシルバーで統一すること。上品なカジュアルスタイルに欠かせないアイテムです（P.178）。

ブレザー／干場私物

秋の追加アイテムは上質素材の定番をセレクト

秋は夏のような軽装でもなく、冬のように重衣料を着続けるわけでもないので、四季の中で一番お洒落を楽しめる季節かもしれません。基本アイテムの発展形やバリエーションとして必ず持っていなければならないアイテムだったり、プラスしたいものはたくさんありますが、ここでは4アイテムを厳選してご紹介します。

秋にプラスしたい厳選4アイテム

まずはブレザーです。これはネイビージャケットを買った後の2着目としておすすめ。ブレザー（P.177）とネイビージャケットの大きな違いはボタンの色。ブレザーにはメタルボタンがついています。シングルとダブルで起源は諸説ありますが、今回ご紹介したダブルブレストは英国海軍に由来があり、金属製のボタンは軍服であった名残であるとされています。僕が着ているブランドはオールド イングランドですが、6つボタン2つ掛けで、袖ボタンもシルバーです。着用するときは、腕時計やアクセサリーなど光りもの

グレーパンツは、男性には欠かせないアイテムのひとつです。パンツだったら間違いなく、これを持ってないとダメというアイテム。基本アイテムに入れてもいいぐらいです。これはナポリ近郊のサレルノで創業したパンツ専業ブランド、ジェルマーノのもの。2つプリーツでアジャスター、ベルトループがついて快適なはき心地です。左は春夏用、右は秋冬用（P.179）。

パンツ／ともに干場私物

はシルバーで統一することが重要です。幅広く着られる魅力あるアイテムですので、ワードローブに1着プラスするといいでしょう。

グレーパンツ（上）も大人の男性なら、必ず1本は持っていなければならないアイテム。これは基本アイテムに入れてもおかしくないもので、必ずプラスして欲しいものです。ネイビージャケット＋白シャツのボトムスにはもちろん、Tシャツやシャツ1枚でも合いますし、それこそ何にでも合います。TPPO的にジャケット着用でレストランに行く場合、グレーパンツなら無敵であり、どこでも通用します。形はツープリーツで、裾に向かって細身になっているものがいいでしょう。1本だけなら色はミディアムグレーをおすすめします。これなら2～3シーズン使えます。素材はウールを選び、真冬になればフラノやフランネルなど厚手のものに変えるといいでしょう。革靴にもスニーカーにも合います。僕はイタリアのジェルマーノ（P.179）やインコテックスのものを愛用していますが、伝統的なサルトリアーレの手法（仕立て屋さんの手作り）を継承しており、お尻を包み込む独自の設計でとても美しいシルエットです。秋になったら、チェックのジャケット（P.181）の素材も、ウールやカシミヤなどに変えるといいでしょう。チェックの色・柄のおすすめは、やや明るめのブラウンで、細かい柄を。グレーパンツ、ジーンズなどカジュアルなアイテムに似合うからです。

秋が深まる11月くらいになったら、いよいよピーコート（P.181）の登場。大人の男性の中にある、少年っぽさを出してくれる定番アイテムです。フランス映画の中に出てくる俳優たちのように、黒のタートルネックのニットや黒いパンツ、黒のサングラスを合わせて、モノトーンで着こなしてみてはいかがでしょうか？

カジュアルスタイルにおいてのコートは、あまり短すぎると印象が軽くなります。その点、このピーコートは秋に着用するコートとして申し分ない長さです。これはサンヨーコートのもので、水をはじくレインウール100％でスーパー180'sが使われていて、その上質感から大人っぽい印象になります。昔のピーコートと違い、とてもしなやかなのもポイントです（P.180）。

ピーコート／干場私物

ビームスFのグレンチェックのジャケット。このように、ほとんど無地に見えるような控えめの柄を選ぶと着こなしやすいはずです。素材はウール100％で、段返り3つボタンです。1枚仕立てではなく、肩パットが少し入り、ライニング（裏地）は総裏です。色は茶ですので、ベルトやバッグ、サングラス、靴などは茶系で統一するといいでしょう。胸ポケットには、アクセントでブルネロ クチネリのカシミヤのポケットチーフを入れています（P.180）。

ジャケット／干場私物

SEASONAL ITEMS

WINTER

寒い冬場の重衣料は
素材の良さと色で選ぶ

RULES.

四季の中でも寒い冬は、防寒という意味からも身につけるアイテムが一番増える時期です。いわゆる重衣料といわれるコート類やレザージャケットなどがメインのアイテムとなります。年間を通していえることですが、やはり素材の良さが大切です。また形も定番といわれるものがおすすめ。上質な素材で、ベーシックなデザインのアウターは長年着続けることができます。

HOSHIBA'S EYE

LEATHER JACKET

HOSHIBA'S TEPPAN CHOICE

EMMETI

「エンメティ」のシングルライダース

かなりヘビロテで着ているのが、エンメティの大ヒットモデル「JURI（ユーリ）」。スペイン産ナッパレザーを使用し、キメの細かさ、しっとりとしたタッチ、柔らかさは極上のひとことに尽きます。上品な光沢感があり、経年変化による味も楽しめます。できれば黒と茶の両方を揃えたいもの。シンプルながらちょっとセクシーな雰囲気も（P.184）。

レザーライダーズジャケット¥103,000／エンメティ

素材が良く定番なエコラグアイテムを手に入れる

僕が提唱する「エコラグ」とは、エコノミック・ラグジュアリー（economic luxury）の略です。極めて経済的だが、上質さやエレガンスは失わないスタイルの意味。「多くの粗悪なものより少しの良いものを」という哲学により生まれた造語です。冬場の重衣料などは値が張りますから、できるだけ長く愛用できるエコラグなものを選びたいものです。ここでは冬に買い加えたい4アイテムをご紹介します。

冬にプラスしたい厳選4アイテム

まずはレザージャケット。ハイブランドで買うと50万円ぐらい平気でしますが、僕がおすすめするエンメティ（P.183）は10万円ちょっととコストパフォーマンスが良く、まさにエコラグな逸品です。素材のナッパレザーはきめ細かで高級感があり、レザー特有の重さをほとんど感じさせません。また、ほのかな光沢があるのも気に入っています。襟元や袖口のボタンがポイントになる以外は極めてシンプルなデザインですが、ちょっとセ

ミリタリーウェアが出自の服は多くありますが、M-65はその代表格。米軍が1965年のベトナム戦争時に着たフィールドジャケットが原型で、ポケットが多いのも特徴。写真右はロロ・ピアーナ、写真左はエルメネジルド ゼニアのもの。両方ともを着用していますが、軍服をモチーフにしつつも素材や色などをモダンに変え洗練された作りです（P.185）。

M-65タイプコート／ともに干場私物

クシーな雰囲気もあります。すっきりとした見た目からはわかりませんが、実はポリエステルの中綿が入っているので、寒い時期でも大丈夫。真冬でも温かく着られます。裏地も気持ち良い素材です。

　イタリアに行くと、お洒落なおじさんたちがM-65タイプ（上）をよくジャケットの上から無造作に羽織って着ているのを見かけます。リアルな軍ものではなく、それをモチーフにしてモダンにリファインされたものです。ネイビージャケット+白シャツ、グレーパンツといった僕が一番好きなスタイルにも抜群に相性がいい。エルメネジルドゼニアのものは、ナイロン素材なのにマットな質感というのが特徴。ロロ・ピアーナのトラベラー・ジャケットシリーズの1着も、軽くて機能的なディテールが豊富で、旅行や出張に最適です。インナーに上質なカシミヤを使い、表地は「ウィンドメイト・マイクロファイバー」という独自の技術が詰まったファブリック。これには「ロロ・ピアーナ・ストームシステム®」が施され、完全防水・防風も実現。M‐65界のロールス・ロイス、と呼んでいるくらいです。

次にプラスするのがブラックジーンズ（P.187）です。ブルージーンズでも問題ありませんが、季節感をより出すためにブラックジーンズを冬に加えます。気温が低く、空がどんよりとグレーがかった冬の情景に、ブラックジーンズが溶け込んで見えるからです。形はブルージーンズと同じです。黒はネイビー、グレー、白、茶といった、男の基本色に合いますので、基本アイテムとも好相性です。1本プラスして、間違いないものです。

そして最後がチェスターコート（P.187）。僕のおすすめはブルネロ クチネリの1着です。デザインはとてもシンプルで、素材はカシミヤ100%でしなやか。フォーマルでも着られますが、あえてニットにブラックジーンズ、スニーカーといったラフなスタイルに合わせて、カジュアルに着こなしてみたいものです。英国の男の外套として進化してきたものなので男っぽく、長い丈が威厳ある雰囲気も醸し出してくれます。

夏は季節に合わせてホワイトジーンズをチョイスしましたが、冬ならブラックジーンズを。黒という色が寒い季節にピッタリくるので。基本的な形はブルージーンズと一緒。おすすめは日本製のレッドカード。ヴィンテージのような立体感のあるウォッシュ加工と、アタリやヒゲのユーズド加工で、日本製の繊細な品質を堪能できます（P.186）。

ジーンズ／干場私物

これはブルネロ クチネリの杢調のネイビーのチェスターコートです。チェンジポケットつきですが、デザインはいたってシンプルです。素材はカシミヤ100%。ネイビーなのでグレー、茶、白、黒とも相性がいいです。チェスターというとフォーマルに着がちですが、あえてカジュアルに着ています（P.186）。

チェスターコート／干場私物

干場のお洒落HINTS

BELT

ベルトはどう使う？

ベルトも、
基本は黒と茶のみ

ベルト選びも基本は靴と同じ考え方です。黒と茶を選び、TPPOや洋服に合わせてバリエーションを持たせておくのがベストでしょう。ジーンズに合わせるのか、それともキレイ目のパンツに合わせるのかによっても選択は変わってきます。また、バックルの形状や太さによっても雰囲気が変わるので、細いものと太いもの、黒と茶のリバーシブルのものなどを揃えておくと重宝するはず。占める面積は小さいですが、腰元の要になるベルトも、着こなしの重要なアイテムです。

RALPH LAUREN

「ラルフ ローレン パープル レーベル」のベルト

光沢のある茶の細めのクロコダイル革を使用。丸めのバックルがバランス良く、洗練されたイメージ。キレイめのパンツに合わせて。

ベルト／干場私物

HERMÈS

「エルメス」のベルト

ヘビーローテーションで使っているエルメスのベルト。実はリバーシブルで、光沢のある黒とシボのある茶の両面で着用できる優れものです。

ベルト／干場私物

VINTAGE

「ヴィンテージ」のベルト

ジーンズなどにはヴィンテージのベルトを着用。エイジングによる醸成された趣が味わい深い。太めでしっかりウエストマークできます。

ベルト／干場私物

JEAN ROUSSEAU

「ジャン・ルソー」のベルト

茶の高級アリゲーター革を使用し、バックルと先端のチップはシルバー。ベルトエンドが垂らせるようになっているのが特徴。

ベルト／干場私物

おわりに

いかがでしたでしょうか？　3冊目の著書となる本書は、大人の男のスタイルの中でも、とりわけ難しいとされるカジュアルスタイルについてお届けしました。健康に気を配り、身嗜みを整え、必要最低限のアイテムや季節のワードローブを揃えたとしても、やはりカジュアルはルールがないから難しく、センスが問われ、人々を悩ませるものです。

洋服はあくまで〝表層〟。もちろん、考え方や中身、センスが表層にも反映されるという意味で、洋服が重要であることに間違いはありません。ですが、本当のカッコいい大人の男性になるためには、「人間としての本質」を磨き、いろいろな生き方や経験をしていくことが重要なのです。生き方や経験は、必ず表情や仕草となって表れます。それらの内から出る大人の男としての表情や仕草は、例えTシャツにジーンズというシンプルなスタイルをしていたとしても、タキシードが似合うことを想像させてくれます。ブラックタイのパーティーやガラディナーで女性をエスコート出来る男性は、Tシャツにジーンズ姿だって、堂々としていて風格が出るものなのです。

最後に、本書を刊行するにあたりご尽力いただいた皆様、長年応援してくださった全ての方々に、感謝の気持ちと心よりのお礼を申し上げます。

干場義雅